职业化校长必备管理技能

桔子◎著

電子工業出版社
Publishing House of Electronics Industry
北京•BEIJING

序言

2017 年 10 月，我在广州讲课，课后一位校长与我交流。他说：“我听你的课真的好累。”我当时很紧张，赶紧问他原因。这位校长说：“你的课很朴实，没有什么‘高大上’的道理和理论，但是你所讲的每一个内容都是发生在我学校的事情，你给出的每一个方案都是我最想要的答案。我生怕错过一个字，漏掉一句话！我全神贯注地听，所以很累。”我开玩笑地说：“你是在批评我的课没有高度吗？”校长说：“不，在日常管理中，我们不仅需要你这样的内容，还需要一听就懂，一学就会，一用就出效果的方法。”其实每位校长都有自己的风格，我从一线管理走向培训的舞台，并且多年以来从未脱离过实际的管理工作。我的风格是，只讲校长听了就能懂，懂了就能用，用了就有效的内容。

我从管理一家校区到多家校区，从带十人团队到百人团队，再到管理千人团队的朗培教育集团，收获了很多经验，也走过一些弯路。我在实践的过程中得到了快速成长，在管理的过程中逐步固化了自己的管理思维。我讲述的内容没有华而不实的大道理，只有最真实的管理场景、最细小的问题、最简单的方法和流程，我鼓励读者从实践中来，再到实践中去，与你分享最简单、最高效并且学了就能立刻使用的方法。希望本书能够为你的管理之路打开一扇窗，让你用不同的角度去窥探管理之美！

目录

壹

面试招聘篇

贰

人才搭建篇

叁

中层管理篇

肆

高效会议篇

伍

团队打造篇

陆

团队激励篇

柒

管理修炼篇

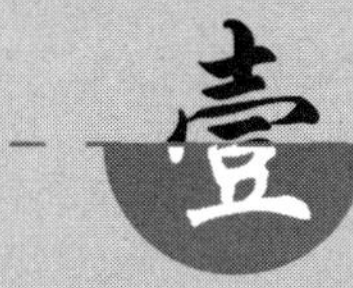

面试招聘篇

第一章

如何解决培训学校招聘难的问题

校长常常有这样的抱怨：优秀的人都去大机构了，我们小机构想要招到优秀的人真的太难了，我办学十年还一直在一线忙碌！招人难，办学校累——这是所有小机构的校长的心声。2018 年 12 月，一家大型连锁高端幼儿园——福禄培尔国际幼儿园的陈园长特地到公司与我沟通，希望我为他推荐优秀的执行园长，只要能招到合适的人才，他愿意出一笔不菲的猎头费。可见，招人难不仅仅是小机构存在的问题，大机构也存在同样的问题！教培机构“用工荒”已经成了普遍性难题。

企业的竞争，归根到底是人才的竞争！没有哪个企业不缺人才，在人才紧缺的时代背景下，中小型机构应该怎么解决招聘难的问题呢？对中小型机构来说，最重要的是改变招聘意识。

一、我们不再是招人，而是抢人

小米的总裁雷军在企业成立之初，恨不得每天都在招人，甚至为了招聘到一位硬件工程师，他用了 12 小时连续不间断地与应聘者沟通。2015 年 3 月，雅虎宣布关闭北京研发中心。消息一出，在无数互联网公司中上演了抢人大戏。雅虎建立了一个招聘群并公布了该群的二维码。在 2 小时内，该招聘群涌入了 300 多家互联网公司和猎头。有一些公司派人在雅虎的楼下蹲守，另外一些公司则派人在大厦附近进行“游击式”推广，甚至有公司派人追到地库抢人。

21 世纪什么最缺？人才！一个企业，一个城市，一个国家的竞争归根到底是人才的竞争。全中国优秀的 IT 人才汇集华为，成就了华为 IT 世界领先；全中国优秀的青年人聚集深圳，成就了深圳奇迹，造就了深圳速度。一个企业聚集本行业、本地区最优秀的人才的比例和层次，将决定企业最终在本行业、本地区的地位，对教培行业来说，尤其如此！对教培机构而言，人才的竞争极为激烈，人才的招聘绝不能等闲视之，而是必须高度重视、必须靠“抢”。

二、像重视招生一样重视招聘

在初创期，校长就是自己学校的 CHO（首席人才官），任何人都不能代替！如何为自己的机构招聘到人岗相适的优秀人才呢？我给大家介绍两个方法。

1. 广开渠道

无论你的学校是否需要招聘，都要开设所有的招聘渠道，如常规的前程无忧、智联、BOSS 直聘、校招，甚至是百度知道、百度贴吧、百度文库等，你可以发布招聘信息，实现招聘渠道全覆盖。你在投放招聘文案的同时，也在为机构做宣传，可以提高机构的知名度、信誉度、美誉度。

招聘成本是用人的成本之一，在招聘上的投入一分也不能省。

2. 创新招聘

2015 年 4 月，我被委派到武汉筹建分公司，我到达武汉做的第一件事是联系中介租赁办公场地。在找房看房的过程中，我多次与中介沟通，讲解我们需要什么样的场地，我们的团队配置如何，我们公司的文化和愿景是什么。我们的办公室这样规划：前台、茶水间、会议室、阅读室等。在整个过程中，中介小李已经被我们公司的文化所吸引，他推荐自己的女朋友到我们公司应聘前台。我们约在写字楼一楼大厅面试，这个女孩叫珍珍，她成了武汉分公司的第一名员工。三年过去了，她至今还在公司任职，不过她已经不再是前台，而是行政经理。

如果你具备了招聘意识，你有创新招聘的思维，任何时候、任何地点都可以进行招聘。就算是搭乘出租车，到物业交物业费，到餐厅吃饭，租房，买房，你都能招到满意的人才！

目前，大多数艺术机构会选择通过校招招聘，如果校招还停留在租一个广告位，做一场宣讲，发一下资料，对于中小型企业来讲，很难招到人。因为，现在的应届大学毕业生更偏向于选择具有较高知名度的大型企业，而企业知名度是中小型企业的弱项。这时，中小型企业要想招到合适的人才，就要采用创新型招聘方式，充分展示强项目，增加自己的吸引力。中小型企业的强项在于比大型企业有更大的发展空间，更快的晋升速度，更全面的能力培养。同时中小型企业也可以有针对性地扩大对招聘对象的影响力，获得招聘对象的信任。例如，大学都有很多社团活动，需要拉赞助，一场赞助费为 200～2000 元。这时，中小型企业就可以通过赞助一场活动，与在校大学生建立良好的信任关系，后期招聘就会容易很多！

第二章

如何开展全员招聘，在校区进行转介绍

除了常规招聘、创新招聘，还有一种成本最低、效率最高的招聘方法——转介绍招聘法。为什么我一定要给你推荐转介绍这种方法呢？首先给你看一组朗培教育集团（朗培）2018 年 1 月至 3 月人事部的招聘数据，1 月至 3 月累计面试人数 717 人，其中网络渠道、人才市场、校招的数据占比是 44.5%，而通过转介绍招聘到的人数占比是 55.5%。由此可见，转介绍的效果比其他招聘的方法好得多。所以，转介绍是一种成本最低，效率最高的招聘方法！

有的校长认为，如果把转介绍做起来了，团队会更稳定，还可以省下其他渠道的招聘费用。可问题是实施了转介绍，员工不行动，怎么办呢？员工不愿意做转介绍，无非有两个原因：第一，意愿问题；第二，能力问题。

如何让员工重视学校招聘，想方设法地给学校招聘呢？我给大家分享两个方法。

一、巧用机制解决员工转介绍意愿

1. 设置伯乐奖

伯乐奖也是目前朗培正在使用的一种方式。

当然，除了你的员工，还有你的家长、家长的朋友、员工的朋友都可以自荐和推荐，通过更多的社会力量来建立强大的招聘网络。

2. 享受工资收入 5%的提成

只要是由你推荐入职的人，你可以享受他工资收入 5%的提成，他在学校一天，你就可以享受一天。

举例：A 推荐了 B，B 一年的收入为 5 万元，A 一年就可以拿到 2500 元。这 2500 元是招聘者的招聘成本，并且它还可以帮招聘者更好地稳定团队。想一想，如果 B 要离职，A 会不会主动劝说 B，让 B 继续留下来工作呢？这是我分享的第一点，巧用机制解决员工转介绍意愿。

二、团队配合让转介绍更轻松便捷

1. 提供工具和模板

为了让员工更有效、更便捷地帮我们做转介绍，我们提前准备好招聘单图、易企秀等招聘信息，甚至可以提供招聘文案，把文案及招聘图的模板直接发送到你的员工群和家长群，供大家使用。

2. 建立转介绍群

建立转介绍群，并且安排专人维护。如果有对职位感兴趣的朋友，你的员工和家长可以直接把求职者拉入你的转介绍群，只要提供信息，都可以领取相应的奖励！

第三章

如何做面试甄选，配置完美团队

一位重庆的校长曾给我打电话，他说：“我的学校配置了一名招聘专员，我如何给他做 KPI 比较好？”我一听，学校配置了招聘专员，那这个学校的规模应该很大。我问他：“你的团队有多少人呢？”这位校长说：“有十几个员工。”我又问他：“这位招聘专员的工资怎么给呢？”他说：“3000 元底薪加考核。”我接着问这位校长：“招聘专员去做招聘了，那你在做些什么工作呢？”这位校长说：“我的工作太多了，每天都忙不过来，马上进入暑期招生旺季，我要招生，之后还要教学。就是因为我的工作太多，所以我必须找一个人帮我完成一部分工作。”

相信很多校长跟这位校长一样，感觉每天都有很多工作，为什么我们每天都会如此忙碌呢？因为我们没有找到合适的人，所以我们不得不去做本该由员工做的事。学校的招聘到底是谁的事呢？作为校长一定要知道，核心工作只占 20%，学校不同的发展方向及不同的发展阶段对于人才的需求也不一样。校长才是学校的首席人力资源官，因为只有你才明白你的学校适合什么样的人，需要什么样的人。马云在团队只有四五百人的时候，连一个保安都由他自己招聘。如果你的团队人数在 70 人以下，我建议招聘由你自己来做。如果你的团队比较大该怎么办呢？我建议你把招和聘分开。招的部分是需求发布、简历筛选及面试电话的拨打，这部分工作可以由其他人来做。聘的工作是面试，面试的选拔，面试的维护及决定是否要聘用，这部分工作由你亲自来做。最优秀的领导并不是最会管理的，而是最会招聘的！

如何做好招聘呢？给大家分享一个招聘模型，如图 3-1 所示。这个模型包括人岗匹配、风格匹配和人际匹配。

人岗匹配是指我们要去考核他的经验、能力、学历跟岗位是否匹配。所谓的风格匹配，是指这个人的做事态度、处事原则跟我们的学校文化是否匹配。而人际匹配是指这个人是否能够很好地融入我们的团队。

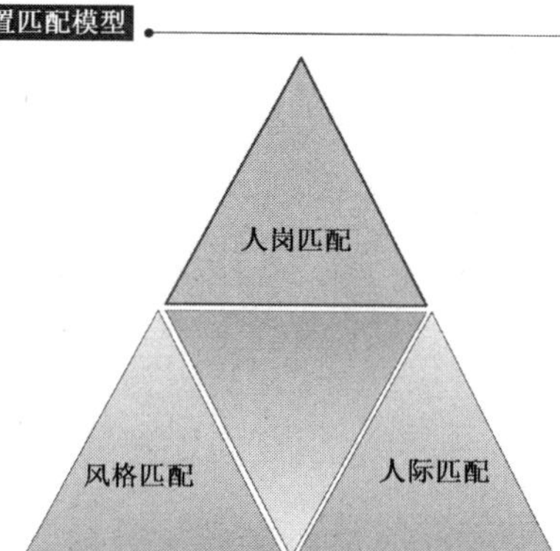

图 3-1　团队人才配置匹配模型

1. 人岗匹配

我们以某艺术机构招聘中国舞老师为例，如图 3-2 所示。

人岗匹配案例

【招募职位】中国舞老师

【岗位职责】

1. 负责舞蹈课程的教学；
2. 负责制订教学计划，确保教学质量；
3. 负责学员成长，家长沟通维护；
4. 参与部分课程研发、师资培训工作；
5. 协助组织汇演、比赛等事宜。

【任职要求】

1. 音乐类、舞蹈类、师范类院校毕业专科及以上学历；
2. 1年以上3～12岁少儿中国舞教学工作经验；
3. 功底扎实，教学严谨认真，亲和力强，擅长中国舞；
4. 具备较强的执行力与使命感，热爱舞蹈教学事业；
5. 普通话标准，口齿伶俐，对待学员热情。

【薪酬待遇】6000～12000元/月（底薪+课时+教研奖金+续费提成奖金）

【晋升通道】中国舞老师——教学主管/教研主管——教学经理/教研经理——执行校长

图 3-2　人岗匹配案例

首先要列出中国舞老师的岗位职责、任职要求、薪酬待遇，做得完善的机构还会列出晋升通道。两条晋升通道，分别是教学和教研。岗位职责和任职要求，每一位校长其实都能做出来，岗位职责每一个学校都有。由谁写出来？又由谁最后来确定呢？是由你的 HR（人力资源）或各部门的负责人，还是由你自己？到底由谁说了算？其实，谁说了都不算，是由你学校的优秀员工的标准说了算。

很多校长都在说学校缺人，缺什么样的人呢？缺优秀的人，缺有能力的人！按照这样的逻辑，你招聘进来的都是优秀的、有能力的人。可是到最后，为什么有的人留下了，产生了价值，而有的人流失了，没有产生价值？优秀的标准对于每个岗位、每个企业都不一样。你所谓的优秀，标准是什么？画像又是什么？答案是：你学校的优秀员工的标准就是你需要的优秀的标准，也是最适合你的学校现阶段发展的标准。一方水土养育一方人，而你的水土恰好适合养育这样优秀的人。

举例：要招聘一名前台教务咨询老师，我们如何找到优秀员工的标准呢？我给大家 6 个方向，分别是年龄、性别、籍贯、学历、工作经验和婚姻状况。

首先我们来看年龄，教务老师我通常要求年龄为 28～35 岁，因为这个年龄段的人已婚已育。只有自己有孩子，才能懂孩子；只有自己是家长，才能了解家长，才能跟家长有共同语言。所以，我在办学的过程当中，我的教务老师大都是由我的铁杆粉丝家长发展而来的，大多为女性。

关于籍贯，在这里我要给大家做一下说明，籍贯不是指四川或广东，籍贯是指本地还是外地。本地城市、本地农村、外地城市、外地农村，这 4 个选项你会选择哪一个呢？

我会选择外地农村的这一部分人。为什么？你有没有发现，在每一个大城市扎根的，大都是外地人。外地农村的人来到这个城市希望自己在这里安家立业，她要买房、买车、还房贷、还车贷、养孩子，不用你过多地提要求她就会努力地做好。

关于学历，你可以根据学校的情况来定，工作经验可以根据岗位来定，如偏教务岗还是偏咨询岗。

最后是婚姻状况，前面已经提到，当然是已婚。可能你要问，单亲的可不可以？当然可以，她会把所有的精力都放在孩子身上，她会希望通过自己的努力给孩子最好的未来、最好的发展机会，她是最有欲望的那一群人。所以，各位亲爱的校长，当你有了这样的方向之后，你把过往三年学校优秀员工的标准进行梳理，你会发现结果十分相似。优秀员工的标准如图 3-3 所示。

优秀员工的标准举例

前台教务咨询老师

年 龄	性 别	籍 贯	学 历	工作经验	婚姻状况
28～35岁	女	本地/外地	专科以上	销售、服务业	已婚、单亲

图 3-3　优秀员工的标准举例

当有了这个标准之后，在接下来的面试中，我们就不再是拍脑袋决定这个人可以，那个人不可以，而是参照标准，在面试的过程中，与标准的相似度低于 60%的直接淘汰。不是他不优秀，也不是你不优秀，而是他并不适合你这里的土壤。

刚刚给大家介绍了人岗匹配的标准，是不是有了人岗匹配的标准之后，你就能够招到 100%跟你同频的并且能够在你的学校产生价值的人呢？答案是否定的。只看单一的要素，那是肤浅的招聘，在这个过程中，我会有深刻的感悟，因为我也曾经在这里摔过跤。五年以前，在我看来只要你有能力你就是英雄，只要你能创造价值，我可以包容你的各种小毛病。但是现实告诉我，凡是能力特别强，到了一定年龄还没有比较好的工作经历、好的职位、好的待遇的人，优势很突出，劣势也很致命，所以能力不是绝对的因素。

那么能力重要吗？当然重要！记住为你所用的能力才是真能力。在这里我要给大家分享一个“冰山模型”，如图 3-4 所示。

在水面以上的是行为、知识和技能，是你在面试中极容易考评和测量出来的，而在水面以下隐藏的部分，如价值观、态度、个性、品质、内驱力等，这部分是我们最容易忽视的，但它决定着这个人能否和企业一起走并且能否给企业创造价值，这是最重要、最核心的一部分。那么如何识别呢？风格匹配和人际匹配就是水面以下的那一部分，是决定这个人能否跟你的企业共存亡的核心部分。

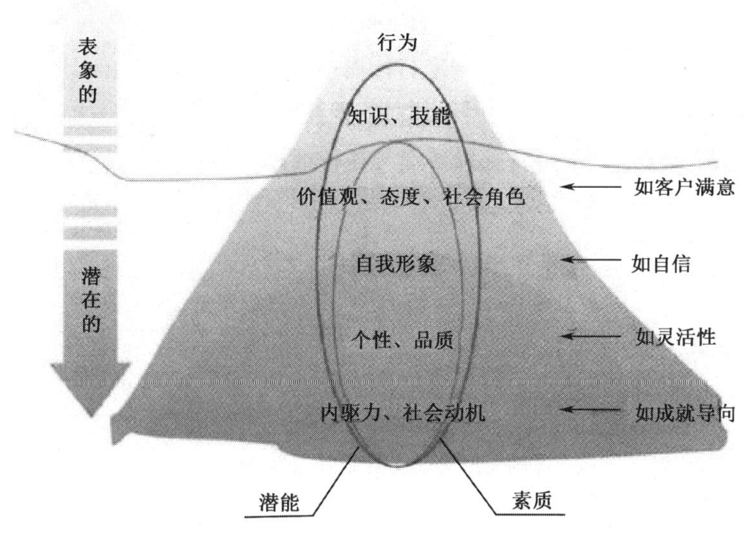

图 3-4　冰山模型

2. 风格匹配

什么是风格匹配？它是指这个人的处事态度和原则跟你学校的文化价值观是否匹配。我相信你也曾遇到过能力特别强但是破坏性很大的人，如初创型机构的老师既要能教学还要做服务又要会招生。可是他说，我只教学，我不招生。你要开展团建活动，他说事太多，上好课就可以了；你要求他有奋斗精神，他说课太多、太累，想多陪陪孩子，这样的人在团队中让你很难受，可是怎么办呢？没有人可以代替他，你是不是只能忍呢？

我佩服你有广大的胸襟，但我并不认可你为了短期利益而破坏长期利益，为了一个人而影响了整个团队的氛围。长此以往你会发现，你默许的不是他一个人的例外，而是整个团队的例外。因为团队的其他成员会认为这是你认可的，所以对于这一部分人，我的建议是与其破坏团队平衡，倒不如少开一个班。校长在招聘的时候就要把这一部分人找出来。在面对能力虽然强，但是风格与学校不匹配的人时，我要给你的四字箴言是：勇敢拒绝。你要相信，跟企业文化不匹配再优秀的大树也成不了你的森林。我宁愿你在招聘的时候多花一些时间，也不愿意你招聘进来后觉得不合适再把他辞退，你更不要天真地以为你能影响他。

3. 人际匹配

这是一个很新颖的观点，你把人才招进来之后，他跟谁一起工作呢？答案是：跟你的团队一起工作。不做管理不知管理之痛，我曾遇到过这样的尴尬情况，我招聘进来很有能力的老师，在我看来一切都好，可是员工三天两头到办公室跟我抱怨这位老师太难相处了。大家一起吃晚餐，他说，太辣了，这些我都不吃，得罪了点菜的老师。大家一起吃下午茶，他说，怎么每天都是西瓜，能换点别的水果吗？得罪了准备下午茶的老师。大家都在办公室好好地工作，他突然来一句，我的笔怎么又不见了呢？这样让每一个人都觉得不舒服。一个能力很强的人如果不能融入你的团队，是很难在团队中存活下来的，更不用说创造价值了。因为在团队里要么他不愉快，要么你的团队不愉快。所以我们如何识别他是否能够跟你的团队进行人际匹配呢？我介绍一个方法，就是让你团队的每一个人都参与到面试中来。例如，在打第一通电话邀约面试的时候，我们可以感受一下在电话里他的态度、语气、他给你的感觉。例如，他到学校来面试的时候，你的前台老师跟他四目相对的那一刻，是喜欢他还是排斥他。例如，在面试结束后，你带着他参观一下校区，让他跟你的团队里的成员打一下招呼，然后看一看大家的感受。

在阿里有这样一个岗位，称为闻味官，闻味官的职责就是要辨别出你要招聘的这个人跟你的团队是不是同一类人。至于是哪一类人不重要，可是你把不同类的人放到一个屋子里去工作，那就有问题了。那么你学校的闻味官是谁呢？就是你团队里的每一个成员。当他们跟面试者有过第一次接触时，你可以在面试结束之后问他们几个问题，比如，你愿意和他一起旅游吗？你愿意和他共进晚餐吗？你愿意和他成为朋友吗？相信这几个问题问完之后，你一定会识别出他和你的团队是不是同一类人及他和你的团队能否做到人际匹配。

第四章

如何解决求职者上门难的问题

我们做好一切准备，可以开展面试了。有校长说，我按照你的招聘方法，投了广告，简历也收到了，模型也画出来了，可是求职者不愿意上门来面试，怎么办呢？

我要先问你一个问题：你学校的招聘电话是谁在打？是你的前台，还是你的HR呢？在前文中我提到过，你就是你学校的首席人才官。所以，作为老板的你要思考：老板最应该忙什么？

人才是每个企业的第一要务，所以作为老板的你，人事是你必须亲自抓的“二八定律”中那 20%的核心事件。任何人都不能代替你去招聘，面试电话也是如此，你别想偷懒！因为你的前台也好，你的 HR 也好，他们对文化的了解，对办学的初衷，对教育的理解肯定跟你不一样。谁打电话是关键，这就是首音效应。

一个艺术机构的校长朋友打电话跟我说，面试电话都是我打的，明明求职者答应我了要来面试，但第二天还是没来，怎么办呢？我说，现在我是求职者，你给我打电话，演练一遍。我的这位朋友很认真地演练："喂，你好！我是爱尚舞校的陈校长，你投了我们学校的简历对吧？我通知你明天上午带上简历和证书到学校面试！"当他模拟完之后，我找到了答案。

面试电话到底该怎么打，什么样的技巧和流程才能提升求职者的上门率呢？我给大家分享我的招聘流程。

第一步：

打电话前的准备工作。

打电话前，我都会在笔记本上罗列我当天需要联系的求职者的电话、基本信息，仔细阅读简历，找到简历上至少一条亮点。

第二步：

准备工作完成，开始拨打电话。

拨打电话怎么聊？

1. 介绍自己，表达感谢

"您好，张老师。我是××学校的桔子校长，非常感谢您对××学校的关注，谢谢您！"

这样的聊天让人感觉我虽然是学校的校长，一个招聘电话由我亲自来打，我能很平等、谦逊地跟你沟通，说明我对学校的人才是非常尊重和重视的。这是给求职者的第一个好感。

2. 表达赞美

例如，求职者是从外地来到成都工作的，你可以这样说：“张老师，您老家是在沈阳，对吗？离开家那么远，您真是一个勇敢的姑娘，您一定很喜欢这个城市，希望在这个城市成就一番自己的事业吧？”

求职者从外地来到一个陌生的城市工作，一定有不少委屈，却无人倾诉。作为一个校长，你在第一次电话中给对方一份家人一般的温暖，这是给求职者的第二个好感！

3. 确定时间

“张老师，跟您聊天真愉快，您看最近两天有没有时间，我们见面详细聊聊吧！”

虽然这是一通邀请面试的电话，但我不建议你说“明天 14：00到学校面试”这样的话。我让求职者来定时间，并且邀请她到学校坐一坐，聊一聊，充分地让对方感受到我对求职者的尊重。这是给求职者的第三个好感！

4. 表达期望

“欢迎张老师来到学校，我们一起探讨教学方法，期待我们可以携手，更好地为教育事业奋斗！”

要让张老师感觉明天下午的面试不仅是面试，更是我们一起探讨教学、探讨教育。同时，要流露出教育人的教育情怀。这已经让求职者对你又增添了好感！

5. 挂完电话之后发送短信

再次表达感谢，向求职者发送学校地址、乘车路线，确定面试时间。

95%的求职者都会因为对面试官的信任而愿意加入团队。通过第一通电话，即便求职者对你的学校没有太多的了解，也会对于你的个人品质和性格有了一定的了解。

6. 加微信好友

如果对方同意，可以添加求职者的微信好友。添加之后，精选2～3 张学校的介绍、获得的奖项、办公环境、年会等有价值的图片，发送给求职者，用一句话做一个简单介绍，再确定约定见面的时间即可。让求职者不仅能了解你个人，还能更多地了解这个机构。

7. 再次确定

在面谈的当天早晨，我会再打一个电话，如“张老师，下午如果你到了楼下找不到地方，给我打电话，我下楼来接你，好吗？那我们 14：00 见”，同时用微信发送地址。打这个电话的目的是巧妙地确定下午的时间，也确定了张老师下午是否愿意过来。整个过程我三次巧妙地确定时间，引导对方同意，让对方不好意思拒绝你！

以上是我多年来总结的一些技巧，希望你也能通过三步七法，提升求职者的上门面试率！

第五章

鹰眼识人，面试不走眼的秘诀

案例解析

不久前有一个做口才加盟的朋友跟我吐槽，他说："我最近招聘了一个牛人，他是海归，有在大企业工作的经历，谈吐、气质都不错，就是薪酬要得高了一点，比市场价高出两倍左右。"我说："你不正想招聘一个人来帮你搭建教研体系吗？如果他有这个能力，那有何不妥呢？毕竟现在的牛人越来越难招聘了，如果是我，我宁愿用一个薪酬 1 万元的人，也不会用两个薪酬 5000 元的人。"他说："是啊，我当初也是这么想的，所以把他招了进来。可是时间过去三个月了，我一点效果也没看出来。"

各位亲爱的校长朋友们，你在招聘面试的过程中有没有遇到过一些让你眼前一亮的牛人呢？从简历上看，他们无可挑剔，谈吐、气质都不错，可是在实际工作的过程中总是很难发挥价值，这是什么原因呢？是我们在面试的时候没有识别出他的能力看走眼了，还是我们没有识别出他的能力与我们的匹配度呢？

作为非人力资源出身的校长，你是否可以做到鹰眼识人，就像找男朋友一样，从众多的爱慕者当中一眼识别出那个最适合你的人呢？可在短短 30 分钟面试的时间里，要去评估一个人是否与岗位相匹配还是有一定难度的。在朗培的发展过程中，我几乎每个月都会面试，这也是有方法的。我不仅要教你方法，还要给你模板，帮助你把面试做到标准化、流程化，从而降低你的试错成本。

首先我们一起来看一下，我们面试的目的是什么呢？如图 5-1 所示。

挖掘应聘者的相关信息，
推导并预测他在目标岗位上、学校文化上和团队融合上的匹配程度。

图 5-1　面试目的

面试的目的是通过你和应聘者一对一的沟通，挖掘应聘者的相关信息，推导并预测他在目标岗位上、学校文化上和团队融合上的匹配程度。所以，你的信息挖掘得越多，你的判断将会越准确。

如何挖掘更多的信息呢？

第一步，制定岗位胜任力模型。

根据前文中提到的人才配置的匹配模型来制定学校的岗位胜任力模型，然后根据模型列出目标岗位的人群的特质及考核的方向。

执行校长胜任力模型如图 5-2 所示。

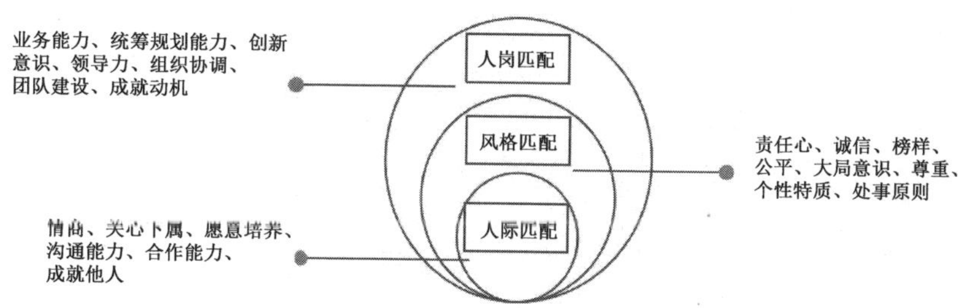

图 5-2　执行校长胜任力模型

例如，你要招聘一位执行校长，在人岗匹配、风格匹配和人际匹配，分别都有考核的方向和标准。就拿人岗匹配来举例，作为执行校长业务能力是一定要有的，带领团队的领导力是要有的，作为一个高级管理者一定还要有欲望。所以我们要考核三个维度：第一个维度是业务能力、统筹规划能力和创新意识，这是属于他的个人能力方向。第二个维度是领导力、组织协调和团队建设，这是属于带领团队的能力。第三个维度就是成就动机，即他是否有想要取得成功的欲望。

接着介绍风格匹配和人际匹配。

第二步，根据你设计的胜任力模型来设置面试问题。

设置面试问题的时候，我要给大家推荐一种方法，称为结构化面试。结构化面试是根据特定的职位胜任要求、预先精细准备的题库来考察应聘者是否符合目标岗位。重点：第一，根据胜任力要求设置问题；第二，提前准备好精细化的题库。相信有了这两个标准之后，我们接下来的题库会一次一次地优化和精进，你的学校就能够流程化、标准化地去面试了。

面试是要尽可能地挖掘应聘者更多的信息，这样我们才能进行准确的评估。在整个面试过程中，尤其是对于高级人才的面试，我们企业方求贤若渴，所以不用制造紧张的氛围。应聘者应该放松，越放松越能真实地展示自己。让应聘者能够尽可能地呈现出最真实的一面，你才能挖掘到最真实的信息。如何让应聘者放松呢？我们在进入结构化面试之前要有一些暖场破冰问题，这些问题就是逐步让我们的应聘者放松下来的一些问题，即由“浅水区”到“深水区”进行过渡的问题，如图 5-3 所示。

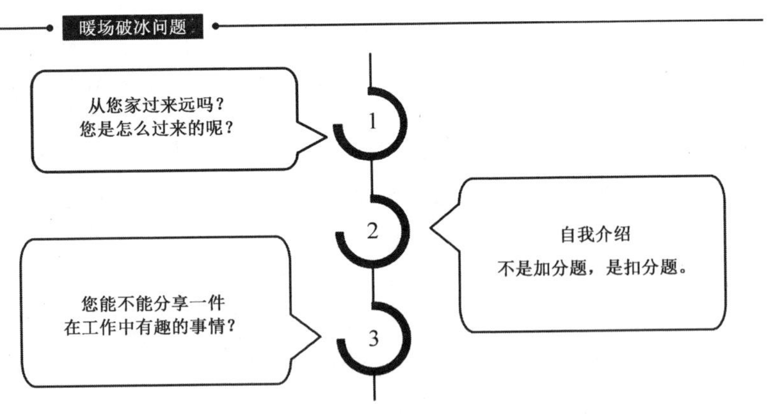

图 5-3　暖场破冰问题

我们可以问哪些暖场破冰的问题呢？可以先给对方倒一杯水，问：“从您家过来远吗？您是怎么过来的呢？”这两个问题对于应聘者来说是在进行寒暄，而对于我们来说已经进入了面试。

应聘者的家与我们学校的距离有多远？

应聘者今天面试是提前到了还是晚到了？

应聘者过来上班未来会不会有阻碍？

这些都是你在这个问题里面需要去考察的。

接下来我们可以让应聘者做一个简单的自我介绍，其实很多人做自我介绍都会说那些从简历上就能看出来的信息，这样的自我介绍一定会被扣分而不是加分。如果他的自我介绍能够让你捕捉到有趣的亮点，这个人有可能在自我介绍的时候就引起你的兴趣了。

根据应聘者的自我介绍去捕捉一个有价值的点，比如说这位老师的上一份工作是在朗培教育。

你可以说：“您能不能分享一件在工作中有趣的事情？”通过分享有趣的事情，我们可以初步判断这个人的风格是否跟我们有一定的匹配度。暖场破冰之后，我们就正式进入结构化面试了。结构化面试分为人岗匹配、风格匹配和人际匹配。每一层级的匹配我给大家设置了两个问题，一个问题 5 分钟，一共 6 个问题，30 分钟是一场标准的面试时长。

人岗匹配的问题：

第一，业务能力和专业能力我们一定要考核，我们可以问应聘者如下问题。

9 月要开始招生了，你有没有什么好的招生方案能打赢这场招生战呢？

各位校长，要来应聘执行校长的人需要有 3～5 年的经验，所以招生对他来说并不陌生。从这个问题当中我们问的是什么？问的是过去的经验，我们要看一看他过去的经验有没有超出你的思维高度，有没有给你带来不一样的亮点和创新点。这是我们考核能力的第一个问题。如果这个人没有经验怎么办呢？当他现场回答的时候，你要关注他的思维、逻辑、创新度，这些都是你可以考察的方向。

第二，我们要考核执行校长的成就动机。

接下来的三年，你的职业规划、收入目标和成长目标是什么？

一个高级管理者一定对自己的职业和职业生涯有着清晰、明确的规划。从应聘者的回答中，你可以判断出这个人是不是符合的人选，是不是有足够强烈的欲望和动机去匹配这个岗位。三年后是由三年前的今天所决定的，他没有给自己一个清晰的规划，他如何做好自己的管理岗位，又如何实现自己的目标呢？所以对于高级管理者，这个问题很好用。

风格匹配要考核的是应聘者跟你的团队文化是否匹配。

你的上任领导和同事是如何评价你的？你觉得准确吗？

不管他说了几个关键词，记住，前三个他脱口而出的关键词才是最准确的。对于高级人才的应聘很多企业会做竞调，我们可以打电话给他的上任公司，了解大家对他的评价，判断是否与他说的一致。根据你得出的答案，就可以去评估他跟学校的风格和文化是否足够匹配了。

我们还可以问他的离职动机。

如果有机会你还愿意再回到上一家企业工作吗？

这个问题比较有意思，但并没有标准答案。那为什么会这么考核呢？离职见人品，如果他在此刻传达给你的是上一家企业多么不好，上一家企业的领导和同事多么不好，那你就需要多思考一下他是否适合你的企业了。他可能很巧妙地回答："因为我与上一家企业发展方向有一定的不同，如果未来有机会，我与企业的匹配度足够高，而我又正好待业，我愿意再回到上一家企业。"通过这个问题，我们可以看出一个人的品质，了解他离开之后会不会去讲上一家企业、上一任领导的不好，这是要考核的关键。

人际匹配主要考核这个人跟你的团队成员是否能够融洽地相处。例如：

你加入我们后，前三个月准备如何开展工作呢？

"我加入之后的前三个月，我要大刀阔斧地调整，三个月之后给你交出一份满意的答卷。"如果是这样的回答，那我只能告诉你这是空话。当一个新人加入一家新企业后，至少也需要一到两个月去了解企业。应聘者了解我们学校的产品吗？应聘者了解我们产品的优势吗？应聘者了解学校文化吗？应聘者了解团队吗？他在什么都不了解的情况下就去行动，恐怕难以存活下去。所以，应聘者有没有管理思维是考核的重点。

你在离开上一家机构之后，你的团队现在怎么样？

这个问题也很有意思，一个高级管理者在离开他的团队之后，他要顺利地交接，合理地过渡，保证工作的顺利开展和进行，这才是一个高级管理者应该做的，而不是自己拍屁股离开却给上一家机构留下一堆麻烦。所以，在回答这个问题的时候，如果他告诉你，我离开之后，团队业绩一直在下滑，那你就要多考虑一下了。因为等他从你这离开的时候，你的团队同样会面临这样的问题。还有一类人是绝对不可以用的，那就是他说，我不但可以过来，我还可以再给你带几个人过来。因为这将会是你们学校未来的下场。

根据人才配置的模型，我给大家分享了六个问题。如果你希望在哪一个匹配维度上多考核，你就在哪一个匹配维度上多设计一些这样的问题，挖掘更多的信息，才能更好地判断。

我还要给大家一个建议，不要在面试的过程中去问一些无意义的问题，如让对方给承诺。如果以上问题都问完了，眼前的这个人让你很感兴趣，你还想继续再挖掘更多的信息，该怎么办呢？你可以顺便邀请这位应聘者跟你一起用个便餐，在吃饭之余问一些有趣有料的问题，这就是与结构化面试相对的非结构化面试，俗称“散打”，你可以问对方跟工作毫无关系的问题，如图 5-4 所示。

非结构化面试

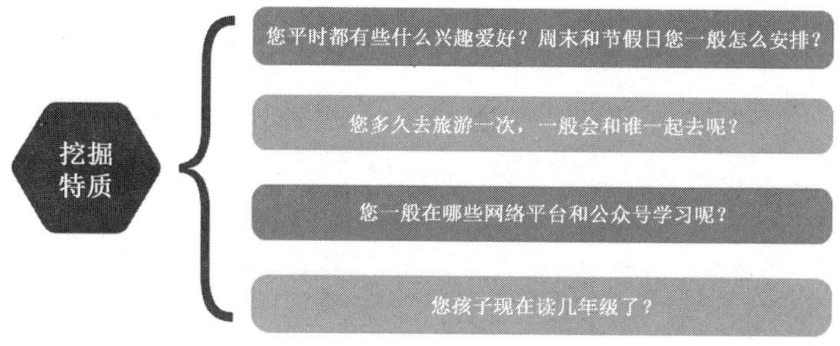

图 5-4　挖掘特质

例如，您平时都有些什么兴趣爱好？周末和节假日您一般怎么安排？不管他怎么回答，再接着问更多具体的细节。如果他说，我喜欢旅游，你可以问，您多久去旅游一次，一般和谁一起去呢？我们可以评估一下这个人的人际关系怎么样。

如果他说，我喜欢学习，你也可以顺着他，问，您一般在哪些网络平台和公众号学习呢？您最近在看什么书呢？您最大的收获是什么呢？通过这些问题，可以很好地考察这个人的深度思考能力到底怎么样。

如果他说，我喜欢宅在家里跟我的孩子在一起，你可以问，您是个很重视家庭的人，平时您跟孩子一般都玩什么游戏呢？您孩子现在读几年级了？

在我参与的高级管理者的面试过程中，我都会问有关他家庭的问题。如果与你朝夕相处的孩子和爱人，你都不能够去影响他们、在家里成为影响力中心，难道我给你一个团队，你就能影响他们、成为影响力中心吗？如果你连自己的孩子都培养不好，团队里有很多人，你又如何很好地带领他们？这是我给大家分享的非结构化面试。通过“散打”的形式，去问一些跟工作无关的问题，去挖掘应聘者背后更多的特质、能力、优势，才能更好地评估这个人。

每一次面试结束之后，我们要不断反思和精进。只有一次次地反思和精进，题库才会越来越标准、越来越接近你的要求。

人才搭建篇

第六章

如何快速将菜鸟员工培养为合格员工

当新员工过了试用期之后，就要进入快速培养阶段。在培训学校，衡量一个管理者是否优秀，会不会培养人是一个非常重要的指标。

员工可以分为四个类型：菜鸟员工、及格员工、骨干员工、核心员工。对于四种不同类型的员工，应该采取不同的培养和管理方式，帮助员工逐级蜕变，让你从无人可用到人人为我所用！

先来看菜鸟员工，菜鸟员工是那些进入你学校不久的员工。他们的主要特点是工作能力弱、工作意愿度高。他们对行业的理解不深刻、对学校的管理规定不熟悉，但他们这时的工作意愿和学习意愿是最强的，他们对新工作充满憧憬、敬畏，渴望快速上手，愿意不计薪酬和时间挑战眼前的困难。

把握好这个阶段员工的特点后，你就可以好好借力菜鸟员工，快速提升他们的能力，让菜鸟员工迅速步入工作正轨。对于这个阶段的员工，你的管理方式是：一切以管理者为中心，简单高效，听话照做！别跟我谈战略，别跟我谈创新，只跟你谈流程！对于菜鸟员工的培养方式，我给你以下三个建议。

一、明确岗位职责

大部分菜鸟员工在进入职场后，面对新环境，往往不知所措。他们不知道自己应该做什么工作，不知道有困难该找谁，无所事事，没有价值感。甚至有一部分菜鸟员工在工作一段时间后觉得实际工作和面试时跟你谈的不一致，导致还没有创造价值就已经流失，成了你学校的负资产。

你别指望这个阶段的员工会自己主动找工作做，这个阶段需要你告诉他要做什么工作。为了让这部分员工快速上手，为学校产生价值，你一定要在他入职后的一对一面谈时，打印一份详细的岗位职责表，明确列出岗位职责，如近六个月的工作内容、工作要求，并且一条一条地跟他沟通，确保他能清楚地理解，并达成一致。双方都清楚岗位职责，工作才不会出现偏差，避免他在工作中茫然、不知所措。

二、确定工作标准

除了知道自己的工作内容是什么，你还需要拿一把刻度尺，告诉菜鸟员工应该做到哪个级别才算合格。你要明确告诉他每天的工作标准和每周的工作标准。例如，一名市场部菜鸟员工的工作标准为：上午到下午三点的工作是给家长拨打 50 通电话，让他们预约周末的试听课；下午三点之后的工作是负责附近固定的一个小学的外出宣传，发放宣传资料 100 份、添加 20 个家长的微信好友，邀约 2 个家长上门试听。

三、严格按要求执行

这个阶段的员工应该做的就是校长要求的。比如一位教学部的英语老师要按照学校教学部的要求，把完整的流程分解到每个动作：打招呼、点名、热身、复习、新知、再复习，每个流程要具体到分钟，还要一项一项地练习通关，接受考核。入职一年以内的菜鸟老师必须书写详细教案，课堂所讲的每句话，包括互动的预设情景都要写下来。十年前一篇教案我要写 36 页，加班到凌晨两点也依然充满干劲，一年时间我用了 100 个教案本。这样的高要求，为我以后的职业生涯打下了坚实的基础。对于这个阶段的老师，你的要求越严苛，就越能让他养成良好的职业习惯、使他快速成长，而以后你的管理也会更轻松。

除了以上三点，你还可以增加菜鸟员工学习的欲望，在工作之余多安排时间让他参加培训和学习，填满他的空余时间，加快他成长的步伐。

第七章
如何激发及格员工的动力，助其成为骨干员工

菜鸟员工通过悉心培养，能力得到了提升，能够达到学校的基本标准，成为一名较为合格的员工了。你很欣慰，以为你的管理工作可以轻松了，但一个新的问题又来了。伴随着菜鸟员工的成长，他的工作意愿、工作积极性却降低了很多。该怎么办呢？要回答这个问题，我们首先要了解这个阶段员工的特点。及格员工的特点是能力刚刚及格，工作主动性缺失，初步进入疲态状态。他们容易出现两种情况：一是在岗位上可能看不到自己的成长，对职业产生了动摇；二是感觉自己有些了不起了，不把老员工和管理者放在眼里了。如何激发他们的成长动力，帮助他们恢复刚入职场的热情，使他们成长为学校的骨干员工呢？我给你分享以下三个方法。

一、看见成长

员工只有看到自己努力后的收获才会有成就感，就好比热衷于游戏的人，为了破纪录而乐此不疲、通宵达旦。我们管理者也要让员工的成长变得显性化，增加他的动力。我在日常管理中，针对这个类型的员工最喜欢做两件事：

（1）让他们参加新老师的试讲评课，使其在犀利地点评别人课程的同时，发现自己的变化，产生优越感。

（2）只有优越感可不行，还要让他们知道自己成长快是因为学校的培养。为了实现这个管理目的，我会定期召集全体成员正式地举行教研会。这个教研会的操作形式，就是播放员工入职后他所讲的第一堂课的课程视频及近期一堂优质课的课程视频，让其他人来点评这名员工。一般情况下，员工看到自己第一次讲课的视频，恨不得找个地缝钻进去。看到自己的变化，他会感激学校的培养，同时也为自己的成长感到骄傲。

二、找到差距

看到成长是适度地捧，找到差距就是要适度地敲打了。游戏打通关后就没有激情了，所以不能让员工觉得自己就是最厉害的，这会让他被眼前的一点点进步迷惑，导致没有上升空间。你应该帮员工找到差距、认识到自己的不足，让他克服职业倦怠期。我曾经有几个员工也有这样的情况，在学校，他们觉得自己最优秀，比他优秀的人也不能让他们服气。为此我特地联系了一些校长朋友，举办了一场整个川渝片区的赛课活动，每个校区评选最优秀的 1～2 名老师同台赛课。赛课结束后，他们立即看到了自己的差距，回去后每个人都恢复了刚进入职场的热忱。

三、树立标杆

人因为梦想而伟大，你的责任是帮助员工找到梦想，让部分员工实现梦想。一部分人先跑起来，另一部分人才会动起来！一群能力相差不大、待遇相差不多的员工会自动形成一个联盟：再努力也是这样，看不到未来的发展和前景，大家都开始懈怠。想要打破这种怪现象，就必须在团队内部培养一条“鲇鱼”。给优秀的员工不一样的待遇和荣誉，在团队内部刻意营造竞争氛围，你追我赶，懈怠的员工自然就有了危机意识。

这里，我分享两个小技巧。

1. 设置晋升标准

根据学校发展的需要，巧设职位，提前公布竞聘标准、薪酬待遇。竞聘周期一般为三个月，让所有员工在三个月内都跑起来，你争我赶，暗自较劲，这样一来整个团队都充满了活力。一个职位尘埃落定后，你就公布新的职位让大家继续竞聘，这样，员工的能力越来越强了，团队氛围也越来越好了。

2. 设置阶段性的奖励

如果学校没有可以晋升的岗位，该怎么办呢？你可以在团队内部进行阶段性的激励，可以是奖品、奖金，也可以是大家向往的学习机会等。所有这些激励必须通过公平竞争，最优秀的员工才可以拿到。当所有员工去角逐一个让人心动的奖品时，团队就活了，这便是管理学中的相马不如赛马。

第八章

如何挖掘骨干员工的潜能，让其成为团队核心

当老师成长为骨干员工之后，工作能力不太需要你操心了，你以为这时可以轻松了，然而你依然发现了一个新的管理问题。其实，管理就是一个不断解决问题的过程。一些骨干员工这时可能会对你提要求了：校长，我想少带两个班，我宁愿少挣一点也不想那么累！甚至还会有员工向你申请：校长，现在我的教学绝对让你放心，我能不能转兼职呀？不知道你有没有遇到这样让你头疼的情况呢？该怎么办呢？

要解决这个问题，我们依然要了解这类员工的特点：他们有能力，但工作意愿不足。骨干员工在我们的鞭策下，一路狂奔走到今天，能力有了，收入比以前高了。以前我们用过的那些鞭策他们前

进的管理策略，现在也不奏效了。解决这个问题的核心是提高他们的工作意愿，那该如何提高骨干员工的工作意愿呢？我给你分享三个方法：

一、扩大欲望

鲁迅先生说过，不满永远是人类向上的车轮。想要减课、想转兼职的老师，究其缘由，其实是他们对现状满足了，觉得自己辛苦了这么久，也应该放松一下了，这种情况在小城市更为突出。管理者应该做的是打破他们的这种想法，扩大他们的欲望。

每个人对美好的事物都心存向往，没有向往，只是因为他没有看到，没有了解而已。所以，我在带团队的时候，针对骨干员工我每个月会专门安排半天，带着他们去购物，如果他们不愿意去，就在学校上班。当有员工想买一个贵重物品犹豫不决时，我甚至会赞助一部分或者以提前借支工资的形式来鼓励他购买。每半年学校还会组织名车试驾、集体看房等活动。通过这些活动，员工的欲望会大幅提升，此时他们就会觉得自己挣得还不够多，再也不跟你提减课了。

有一次，我的一个老师跟教务主管抱怨课时多了，我当时没有给任何回复。一周之后，我特地抽时间陪她逛街，她当天买了好几身大牌衣服，信用卡的额度都刷完了。回来后，她再也没跟教务主管提过课时多了，还主动向教务主管申请上招生体验课。

二、扩大视野

除了扩大欲望，我们还要扩大员工的视野，让他们看到外面不一样的世界。每年我会带领骨干员工参加教育行业最大的峰会，去大校参访等。

当他们出去看了后就会发现行业前景光明，行业大校做得很好，自己要是觉得够了，那简直就是井底之蛙。所以，回来之后，他们唯独能做的就是努力、努力、再努力！

三、寄予期望

欲望扩大了，视野扩大了，老师会不会因此觉得你的庙小了呢？你可不能只是扩大老师的欲望和视野，同时也必须扩大老师的发展愿景。欲望扩大了，如果你不能给他们与之匹配的空间，那他们就只有跳槽了。

所以，我们要对这一部分员工寄予厚望，提出期望。例如，表达学校对他们的看重，希望他们把工作做得更好，为学校的发展做出贡献。告诉他们，只要做到一定程度，就可以享受学校的股权激励计划或晋升机会等。让他们明白只要不断努力，就可以离自己的梦想越来越近，他们的工作干劲也会越来越足。

第九章

如何将核心员工培养成将才帅才

当你的老师成为学校的核心员工之后，在团队管理的过程中，这并不是终点。你希望他们的思维高度能再提升一些，能帮你去开疆拓土、建功立业。将核心员工培养成将才、帅才，对于学校下一步的发展非常重要，但这也是最难的。如果你做不到这一步，那么你的创业就只能止步于眼前的小成功了。

如何解决这个管理难题呢？我们还是先来了解一下这类员工的特点：他们有能力，有意愿，但缺乏思维高度和独当一面的能力。对于这类员工的培养，这里我分享三个方法。

一、轮岗锻炼

菜鸟员工一步步成为核心员工，大多是在1～2个岗位中成长起来的，他们对部门的整体工作乃至校区的整体工作了解得还不够深入。如果想要把他们培养成独当一面的将才、帅才，你就应该有计划地安排他们到各岗位进行轮岗，帮助他们熟悉业务的同时也培养他们的沟通协调能力，还能有效地考察核心员工的学习力。

学校有三大管理部门：市场咨询、教学教务、运营管理。将核心员工放到各部门轮岗1～2个月，他基本就能熟悉一个校区的运营方式了。

二、提升境界

核心员工的工作能力是从实际工作中得到检验的，再通过轮岗提升他们业务的全面性，能力得以提升，阻碍他们往更高岗位发展的是思维的高度、格局和境界。管理就是一个无限同频的过程，你要培养他们，就要积极主动地影响他们，同时给予他们参与学校重要事务的机会，让他们能够逐步具备优秀管理者的远见。

（1）让他们列席各种重要会议，使其通过会议了解学校的经营情况，同时学习其他优秀管理者的运营、管理思路。

（2）带领他们参加各种学习交流活动，提升境界的另一个重要方法就是让他们看到不一样的世界。在各种学习交流活动中，他们可以接受不同的思想，交到更多优秀的朋友，你还可以在每次活动之余和他深度探讨，引导他的思维高度逐渐向你靠齐。我在带领我的员工学习后，在回学校的途中我就会带领他们开展深度的思维碰撞。一场学习下来，员工不但有收获，还增进了我与他们的感情，让核心员工的思维及对企业的忠诚度得到了提升。

三、充分授权

核心员工要成为将才、帅才，就必须能够独立完成复杂的任务。如何提升他们这方面的能力呢？这时我们要学会授权。很多校长授权后又担心结果不理想，不断了解进展，给出很多自己的建议，这样，你的员工没办法提升能力。授权就是授予决策权，我们只管结果，授权后我们就要完全忘记这件事，决不去干涉！逼迫员工独立思考、解决问题，这样他们才能更快地成长。

第十章

如何营造各级人才快速成长的环境

对不同级别的员工需要采取不同的管理方式，除了使用情景管理法，我们更应该打造一个不断更新迭代的学习型组织，给各级人才营造一个快速成长的环境。在管理学中有一个红皇后效应，源自《爱丽丝梦游仙境》里红皇后的一句话：在我们这个国度，你只有不停地奔跑，才能停留在原地！企业要发展，团队成员必然要成长。只有团队成员做到了每天成长，终身学习，才能让我们的企业更好地停留在原地，谋取更好的发展。

校长应该营造各级人才快速成长的环境，打造学习型组织，确保团队能够在市场中具备竞争力，我给你分享以下四个方法。

一、每天一小时分享

很多校长都很好奇，朗培成立五年，团队规模超过 1000 人，发展如此之快，难道朗培是用高薪吸引、管理人才的吗？我要告诉你，还真不是。在 1000 人的团队中，管理者至少有 100 人，这些管理人才都是朗培在五年时间里快速复制出来的。一个企业，只有人才的复制速度与发展速度相匹配才能实现快速裂变，这一切都得益于朗培的学习文化。所以，在朗培的各分公司、各部门，每周一到周五 13：30-14：30 是雷打不动的学习时间。

例如，市场部每天中午会做答疑分享和培训。员工提交当天自己无法解答的难题，经理、总监、导师进行现场答疑。通过答疑，不仅让员工学会了技能，更增强了信心！

又如，客服部每天中午组织员工学习朗培的 24 本书，内容有开校的筹划、办证、装修设计、组织架构、团队建设、招聘管理、营销招生等，根据教材和年度计划分板块进行培训。并且培训之后，朗培每周都会安排一次笔试，员工的笔试成绩纳入他的各项考核中。一两年下来，团队里 60%以上的员工都能成为行业专家。

校长不要觉得学习是员工自己的事情，只要求他每天自己回家学习，最后他可能坚持不下来，因为人都是有惰性的。学习需要氛围，更需要督促！

二、每周一场头脑风暴

管理是“泡”出来的，成长也是“泡”出来的！为了快速提升老师的教学能力，每周我们会固定一个半天的时间开展一场头脑风暴。每周头脑风暴的内容，根据老师近期的教学情况灵活安排。

例如，老师的教学没有创新性，今年和去年的教学内容、形式一致，我会开展同课异构的活动，提前给所有老师一个固定的课题，让每位老师根据课题进行思考，并且就同一个课题分别说课。

在这样的头脑风暴会上，同一个课题，不同的思维进行碰撞，从而让老师的创新性得到提升。又如，老师的课堂趣味性不强，缺乏幽默感。我会提前准备一些小纸条，让老师现场根据抽到的纸条进行演绎，以此来提升他的演绎能力。持续地输入，让老师的思维和技能得到提升。

三、每月一次教研活动

每月至少有一场教研活动，我通常会找一些优质课的视频，让老师共同观看。看完视频之后，各位老师要分享自己通过视频得到的收获和启发。当然，你也可以组织试讲和赛课等活动。

四、每两个月一次外出学习

不但要内部学习不间断，还要给员工外部学习的机会。有品质地输入，才能有品质地输出。你对员工精心培养，最终的受益者还是学校。有条件的机构，可以安排管理者一个月外出学习一次，普通员工每两个月外出学习一次。

例如，两个月后有一次学习机会，学校有三个名额，两个月内员工达到某几项标准，就可以申请外出学习。学习回来之后，他还要给全员转训和分享，让团队都能有所收获。

中层管理篇

第十一章

中层管理者正确的角色是什么

中层是学校的腰，只有腰硬了，整个身板才会挺直。然而很多中层管理者往往让我哭笑不得。

我想先给大家分享中层常有的几个现象，一起来看一下你是否也有这样的情况。

案例一：一个学校的教学主管总觉得在团队中树立威信、让团队支持他的办法就是隔三岔五地给团队争取利益。上班是否可以晚一点？下班是否可以提前？课时费是否可以涨一点？搞得员工都不清楚他到底是如何当上管理者的。

案例二：另外一个学校的主管是个老好人。当员工向他表达诉求时，他都会说，好的，我来跟学校反映一下。接着他就跑到校长办公室说，张老师想把一天半的假期调整成两天，校长你看行不行？校长给他布置工作，要求他晚上加班，他告诉你，我跟团队商量一下，看看大家的意思。

案例三：还有一个学校的主管工作任劳任怨，其他员工干不了的他都接过来干，每天加班到很晚才回家。结果呢？一个月下来团队业绩大幅下滑。

类似的案例还有很多，原因是中层管理者没有清楚地定位自己的管理角色！

案例一的管理者把自己的管理角色定位成民意代表。他犯了一个致命的错误：他不清楚自己应该代表的是谁的利益。是学校的利益还是老师的利益?是学校任命他为管理者，是学校赋予了他这个职能，他正确的管理角色应该是组织整体利益的代表者。

案例二的管理者把自己的管理角色定位成一个中立者。他把学校的指令和团队的意见进行简单的传达，导致员工根本不会执行他的命令，因为员工会认为这不是针对自己，只是针对学校。他正确的管理角色应该是学校管理职能的行使者，在他的职责范围内，他就代表着学校。所以，当有事情反馈到他这里时，他应该第一时间以学校的身份处理和解答，而不只是一个传达者。

案例三的主管把自己的管理角色定位成一个基层劳模。管理者和教师、咨询师、教务一样，也是一个工种。管理者的价值是让团队 10 个人产生 12 个人，甚至 15 个人的价值。也就是因为管理者产生的价值，他才可以获得整个团队成员的部分收益。

而案例三中的这位主管即使累倒在工作岗位上，也是不称职的，他正确的管理角色应该是团队业绩持续提升的推动者。

要做一个优秀的中层管理者，你不仅要清楚地定位和认知你自己和你的管理角色，同时还要把你自己和管理角色做适度抽离。你要记住，在一个场景中你只有一个角色，你也只能扮演好一个角色。别在家人面前扮演领导，也别在下属面前扮演朋友。当你能拎得清的时候，你就不会因为要去解聘一个不适合的员工而感到不安。因为这不是你要这么做，这是你的管理角色要你这么做！

管理者只有清楚地定位自己的管理角色，才能坦然地面对工作中那些令人为难的人和事。

第十二章

中层管理者如何在团队中快速建立威信

中层管理者是学校的中坚力量，学校所有的管理绩效需要中层管理者去推动。但当我们被学校任命为团队管理者时，有时我们付出了很多努力也得不到团队的拥护，你布置的工作团队执行起来不上心，你也感到很无力。因为组织赋予你领导权，但团队还没有给你领导力！

如何在团队中除了拥有组织给你的领导权，还能拥有团队给你的领导力，让你的管理工作得心应手，快速在团队中建立威信呢？我分享三个方法。

一、真诚地为团队发展做好服务

管理者需要具备服务意识，管理者就是服务者！在管理工作中我们需要明白的是：你晋升了，不代表你就可以要求你的下属，相反，你更应该服务好你的下属。因为只有服务好下属了，团队才能顺利地完成工作目标。

例如，新主管上任，刚接手团队，还不会管理，个人业绩和团队业绩都下滑了。你需要协助新主管培养新人，让他把工作重心放在自己的业绩上及核心伙伴的身上。你还要在近两周，频繁地给新主管做心理辅导，让他看到你对他的信任！

管理为绩效服务，管理者就是一名拦网队员。你要调用一切可以调用的资源，用尽一切办法清除阻碍，帮助团队顺利做出业绩！业绩是最好的证明，你的团队有业绩，你在团队中自然就有威信！

二、用好你的专家权

除了真诚地服务团队，还要用你的专业来支持你的团队做出业绩。

例如，一位老师讲课能力很强，但跟家长沟通不顺畅，害怕跟家长沟通。在这位老师给家长打电话前，你要帮助他梳理这次打电话的目的是什么，跟家长怎么沟通，如何汇报孩子的学习进度。梳理之后，跟老师进行一对一的演练，然后再鼓励他拿起电话跟家长沟通。

在他打电话时，你还需要在他的身边鼓励他，陪伴他的同时记录需要改进的地方。通过你的专业度帮助他获得成长，他自然就会在团队中信服你。当你用自己的专业能力真诚地帮助每一个成员时，大家就会相信你有能力并且也非常愿意帮助他们每个人增加收入，提升能力，那你就可以很快地在团队中建立威信。

三、用好你的奖赏权

作为一名管理者，组织还赋予了你两个权利，一是惩罚权，二是奖赏权，但我建议你，在未完全建立威信时，尽可能不用惩罚权，多用奖赏权。我给大家分享两个不花钱又可以有效激励员工，树立自己在团队中的威信的小方法。

（1）鼓励员工：前面那位老师能够突破自己，通过电话顺利地跟家长沟通了。挂掉电话后，你要立即发自内心地鼓励他，哪怕只有你们两个人，你也要把掌声、笑容和拥抱送给他，如“太棒了，我就说你可以的。如果我是家长，都能被你的真诚打动，祝贺你的成长！”管理者要随时发现团队伙伴的进步，并且给他超出意外的鼓励，让他感受到你的认可。下一次他在与家长沟通的时候，会更加自信！

（2）赞美员工：如果成功有秘诀，那就是站在对方的立场来看待问题。人人都喜欢听赞美自己的话，作为管理者，你更要学会使用赞美这把利器。比如，当教学部老师提交教案时，你可以说：“你今天的效率很高！”当教务部老师与家长沟通后，你可以说：“你的沟通很专业，让我感受到你是一位负责任的老师！”当市场部老师完成今天的业绩目标时，你可以说：“今天的数据很漂亮！”当老师提出一个建议时，你可以说：“你的想法很有创意。”

团队提倡什么，你就在公共场合赞美什么！

第十三章

中层管理者如何传达校长的指令

两年前，我受邀到浙江一家美术机构做落地指导。我和刘校长正在办公室梳理薪酬结构，这时，教研部主管闯进办公室带着情绪质问刘校长："刘校长，你凭什么说我们教研部工作不饱和？我们几位老师经常加班创设教案、做师训准备，老师们的工作都白做了？"

原来一天前，刘校长跟执行校长沟通工作时谈起教研部成立大半年，还没看到教研成果，就问是不是他们的工作不饱。谁知道这位执行力超强的执行校长下来就找教研部主管说："刘校长说你们部门工作不饱和，要有危机意识啊！"

这位中层管理者不仅没有解决问题，还给校长带来麻烦，引起团队的情绪。不知道你有没有遇到过让你哭笑不得的中层管理者呢？执行校长好心办坏事的根源是什么？原来是这位执行校长不具备中层管理者最重要的能力——解码力。

当中层管理者收到上级的指令后，一定要将指令翻译（解码）成员工能听懂并会欣然接受的话，使其在行动后产生业绩。中层管理者如何正确解码、推进业绩呢？我给你分享三个方法。

一、正确领会领导意图

在上述案例中，当校长与你谈起教研部是不是工作不饱和时，你应该在第一时间和领导深入沟通，确定领导的意图。其实刘校长想委婉地提醒这位执行校长应该关注教研部的工作进度，并及时把情况汇报给他，而不是让他去责备教研部。如果没有弄清楚刘校长的意图，那他应该及时确认，领会清楚后再思考如何解决。

中层管理者在接到领导的指令后一定要养成一个习惯，把你的理解及时反馈，跟领导做一次确认，确保双方理解无误。这位执行校长在接到指令后应该进行确认：刘校长，是需要了解教研部近期的工作情况吗？或者是：我再重复一下您的指令，您看看我的理解是否有偏差。

及时确认的工作习惯可以大幅提升管理者的工作效率。

二、在传达指令时讲清价值和意义

一次，我去一家培训机构做讲座，当分校校长来接我时就跟我抱怨：这个校区的团队执行力不强，交代的工作总不能完成。到了学校，我要求这位校长给所有老师召开会议。

他是这么开会的：明天的讲座，各班必须保证到班率，每个班最低要保证 80%的家长到场。在结束之后，我们要做续班工作，希望大家都能把续班工作做好。在五分钟后，会议就结束了。我一看就明白为什么他的团队执行力不强了，这位校长开会只讲“目标是什么”，而比“目标是什么”更重要的是“目标的价值和意义”。

每个人都喜欢做有价值的工作，管理者在传达指令时必须给员工讲清楚工作赋予团队的价值和意义，给下属一个充分执行的理由，因为只有下属认同的目标才是可实现的目标！

三、在传达指令时讲清实施细节

我给大家分享一个布置工作的 5W1H 法。

第一个 W 是 Why：目标的价值和意义。

第二个 W 是 What：目标是什么。

第三个 W 是 Who：谁去执行目标。

第四个 W 是 When：什么时候完成目标。

第五个 W 是 What result：做到什么结果。

那这个 H 是 How：如何完成目标。

除了要讲清楚这场活动对学校、对老师的意义，还要讲清楚我们的总目标及个人目标。重点要分析达成目标的方法，也就是 How。

举例：为了确保到场率，每位老师必须做好四次确认，当天下午五点半前给所有家长做一次电话确认，每个部门领导负责督促、检查，并在六点把数据汇总上报，各部门完成工作后可以下班。今晚九点统一发送短信提醒；明早七点再次发送出门提醒消息；八点前了解家长是否需要安排车位，进行最后的电话确认。电话沟通话术和短信模板已经发送给教务部主管。只有这样传达指令，才能保证任务可以完美地完成。

中层管理者最重要的一个能力——解码力。用解码力传达校长指令、达成管理目标有三个方法：正确领会领导意图，在传达指令时讲清价值和意义，在传达指令时讲清实施细节。

第十四章

中层管理者如何做好向上管理

中层管理者的另一个重要的技能——向上管理。

说到向上管理可能很多管理者会一头雾水，按常人的管理思维定式，管理不就是向下管理，向上负责吗？要回答这个问题，首先我们一起来思考一个问题：什么是管理？管理学通常这样定义：管理就是调用一切资源去实现组织的管理目标。由此定义可以看出，我们管理的对象应该是可以让我们完成目标，拥有资源的人。你觉得在你身边，最好的管理资源在哪里呢？就在你的上级手上！所以，中层管理者最重要的管理对象就是你的上级，做好管理工作就必须做好向上管理。

在工作中做好向上管理，需要掌握一个核心、两个技巧。

一、跟上级建立良好的工作关系

向上管理的核心是建立并培养良好的工作关系，好的工作关系必须要做到相互信任、相互期盼。

1. 相互信任

对上级的沟通不要刻意隐瞒和有所保留，我们应该把工作中的优点、缺点、处理得好的地方、处理得不好的地方都如实地反馈给上级。关于你的团队的所有信息，只能在你们之间流动，所有的信息不能借助第三者来进行流动。很多中层管理者喜欢报喜不报忧，担心自己工作没做好，上级会觉得自己没有能力，这恰恰是最不明智的做法。及时反馈不足，你会得到上级的帮助，提升自己解决问题的能力，在与上级一起解决问题的过程中，也可以增进彼此的感情。如果隐瞒不报，当上级从第三方得知这些信息时，就会影响上级对你的信任。如果这样的事情多发生几次，你的上级可能就会考虑安排一个能够代替你的人了。

2. 相互期盼

在和上级配合时，比信任更进一步的良好关系就是形成双方互相期盼、互相依赖的工作关系。你们可以畅快地沟通双方的期盼，并通过不断提升期盼来提升各自的能力，同时依靠对方的支持来帮助自己实现工作目标，形成在工作中谁也离不开谁的一个有机合作体。

二、向上管理的两个小技巧

如何借用上级资源做好向上管理，达成相互信任、彼此依赖的良好工作关系呢？有两个小技巧。

1. 保持正式沟通

上下级之间的关系一定要保持工作关系状态下的多频次沟通。工作状态下的沟通方式有会议、面谈、工作情况探讨、工作日志、工作报告、突发性的事情请示等。

跟上级的沟通要保持亲密有间，切忌私下刻意跟上司套近乎，拉近私人情感。不要混淆工作关系和个人情感，如果需要与上级一起用餐，我建议一定也是工作午餐。同时，沟通也要主动积极，并适度增加频次。如果你与上级在同一个办公地点工作，建议你每天除了写常规的工作日志报告，还要再用 10 分钟的时间，跟上级面对面地谈谈工作情况和近期的工作思路，对于拿不准的工作方案也可以问问上级的意见。如果你与上级不在同一个办公地点工作，除了常规的工作汇报，至少你要保证每周有一次20～30分钟的电话沟通，让上级随时了解你的工作状况。长期畅快地沟通，让上下级之间更容易建立相互信任、彼此依赖的关系。

2. 发挥上级的长处

你的上级之所以是你的上级，他一定有超越你的长处。向上管理的重中之重就是在彼此信任的基础上发现上级的长处，并有效地发扬上级的长处，帮助自己实现管理目标。发挥长处的另外一层意思就是弥补上级的短板。上级是人而不是神，肯定也有他不足的地方，而我们要积极修炼自己这方面的能力，在工作中形成互补。比如上级战略性强、感染力强，抓细节的能力是短板，那么在对外合作洽谈方面你就可以积极利用上级的长处，而在给团队加油打气时，你就要潜心修炼，辅助上级。同时我们要经常反思：我和我的团队该如何做才能使我的上级工作更轻松、学校整体的业绩更好。

以培养和上级的良好工作关系为核心，通过保持正式、高频次的沟通，发挥上级的长处并及时弥补短板是做好向上管理的关键。

第十五章

如何跟上级汇报工作最容易受赏识

一、案例解析

在我的管理过程中，我遇到过让我哭笑不得的两位下属，其中一位管理者每天他会到我的办公室敲 3～5 次门，一件小事他都会来我的办公室汇报："我这一周想调休一下；李老师周一要请假；这几天的工作进度给您汇报一下；有个地方需要找您沟通一下。"

另外一位管理者和第一位刚好相反。你不找他，他绝不主动找你，闷着头指望着自己能够把所有的事情做好。结果，往往是事情没做好，也没得到我的认可。

第一位管理者，他以为你的大门永远为他敞开，你的时间永远为他空闲。他没有意识到领导每天也很忙，领导要面对的不仅他一个人，每天还有很多的人和事要面对。

第二位管理者，他担心如果汇报次数太频繁，领导会觉得他无能，连小事都处理不好。他想独立处理好工作，却因为没有掌握好汇报进度，导致领导对事情的掌握程度不够，出现问题也只能自己扛着。管理者要改变自己的思维，你要相信你和你的领导是利益共同体，你们永远是一条战线的。因为你完成目标等于你的领导完成了目标，其实你的领导是非常愿意帮助你的。

做人有三件事：拿得起、放得下、拎得清。管理者必须要拎得清：你要负责的人是谁？其实你不必担心领导会笑话你无能，因为领导非常愿意帮助你。你在管理中正确的角色其实是领导的一扇窗，是领导和员工之间的重要纽带。领导没有在一线，听不到炮火声，而你就是那个唯一可以让领导了解前方最真实战况的那个人。试想，如果你的这扇窗是模糊的，领导没有安全感、掌控感，也无法了解最真实的情况，怎样进行作战指挥呢？

如此好的资源在你身边你却没有调用，这是最笨的管理者。更糟糕的结果是因为你的隐瞒不报，最后打了败仗甚至连原因都不知道。比如，团队有人离职，领导是最后一个知道的；你的老师续班率出现了极大问题，可是因为你没有及时汇报，事情本来可以得到控制，却错过了最佳的处理时期；你的团队集体策反，你的领导从别人的嘴里得知情况，那么他想帮你也无能为力，你和你的领导之间还产生了信任危机。

究竟怎样做好管理者，怎样更好地跟上级汇报工作，同时巧借上级的资源来帮你达成目标呢？我给你分享汇报工作的四个原则。

二、汇报工作的四个原则

汇报工作的四个原则，如图 15-1 所示。

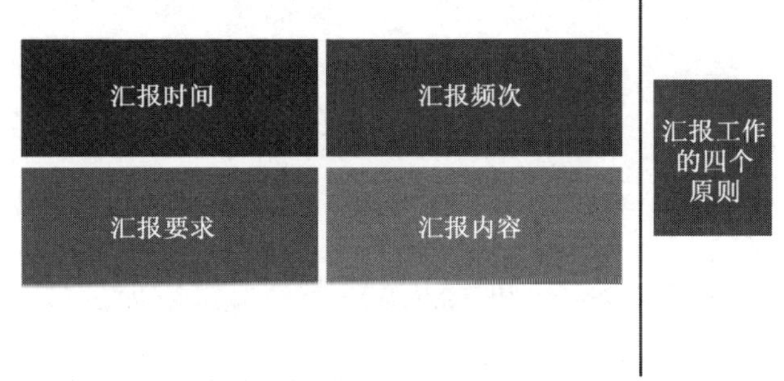

图 15-1　汇报工作的四个原则

第一个原则：汇报时间。

第二个原则：汇报频次。

第三个原则：汇报要求。

第四个原则：汇报内容。

第一，汇报时间，在管理的过程中不能像第一位管理者那样随时找你的领导。不要以为你的领导会随叫随到，所以当你有工作需要跟领导进行沟通的时候，如果你们每天有固定的时间，当然以这个固定的时间为准，如果没有，那么你至少要提前一天预约领导的时间。在预约时间时，你除了约定时间，还需要简单地说明内容。例如，明天上午十点，我想跟您沟通一下英语班续费的情况。也就是说除了时间，我们还要简单地说明汇报的方向及沟通的要点，预留充足的时间，让领导思考一下这件事，他才能够更好地给你提建议。

第二，汇报频次，我们从两个角度来看。如果是常规工作，那么你把每天的工作都累积起来，固定在下班前的某一个时间汇报，一天汇报一次。如果是紧急事件，就需要及时汇报、及时请示、及时沟通。

第三，汇报要求。如果你要跟你的上级讨论如何设置今年的续班率，那么希望你能够调出过去 2～3 年的续班率作为参照，然后再把今年的班级情况做一个说明，你应该准备充足后再找你的领导汇报。所以在汇报工作的时候，你不应该只问："校长，这个事该怎么处理"，你更应该准备两套方案，让领导进行选择。把思考的工作留给自己，把选择的工作留给领导。

第四，汇报内容，领导最喜欢听什么样的内容呢？其实每一位领导都喜欢听的内容分别是：人、财、物。

人：你团队的人员配置、人员情况、人员动态，包括他近期的工作情况和生活情况，如果有异常情况及表现特别好的，你都要详细地汇报给你的领导。因为人是公司的财产，你只是在替公司进行管理，并不属于你。

财：财包括哪些呢？财当然是我们的业绩数据及所有的重点工作，所以在这一点上我们要辨别什么是重要工作。那些简单的事情你是不是一定要去汇报呢？其实领导想听的不是那些无关紧要的事情，所以你要有极强的甄别能力。

在这里同样给大家举个例子，我曾经有一位下属，他的一位老师续班率做到了 100%，所以我想办一个庆功宴，同时也做一下团建活动，借这件事情增强团队的凝聚力，塑造标杆。我对我的下属说，你准备一下，周末我们要给张老师举行庆功宴。当我说完之后，他立即给我回复了：“好的，没问题。我下去跟张老师确认一下，同时我立即去定场地，定完之后给您回复。”我当时给他的回复依然是两个字：好的。

我们一起来思考一下，我们做这个活动的目的是什么呢？目的是透过这件事让我们的团队凝聚力更强，让张老师成为学校的标杆。你认为重点是当天的操作流程，还是去跟张老师确认呢？这位管理者没有进行思考，他的回复等于废话。

所以，各位管理者要记住：领导的时间是非常有限的，而你在这个有限的时间里必须找准哪些是重点工作，选择能够影响整个工作最重要的核心点进行汇报。

物：物是当你在实际的操作过程中，需要上级给你提供匹配的资源。比如你的团队里有个老师近期准备结婚，婚后她就不上班了，那么你可以调动你们校长的力量，让校长去跟这位老师进行一对一的沟通；比如团队近期的状况不好，你可以邀请你的校长给团队做一个心态方面的培训；比如你的团队里某位老师表现突出，你有给他升职的想法，想把他立为标杆，你可以去跟上级进行申请。还有我们学习的申请、奖励的申请，以及方案定夺等，这些都是物。

作为下级管理者要学会的最重要的一点就是向上管理。其实你的上级比你有能力，他手上握有更多的资源。而当他的资源向你分配的时候，你可以更好地完成工作。

在我的团队中同样有这样一位管理者，他会经常到办公室找我请求支援，如果我表示有难度，那这位老师就会苦口婆心地求我。看到他这样，我很心软，就调动更多的资源给他，他的团队很轻松地就拿到了当年整个学校的业绩冠军。各位管理者，跟上级的沟通，其实是更好地建立信任的过程，向上管理是最重要的一种管理手段。作为管理者，你们是在互相管理：你的管理者在管理你，你同样也在管理你的上级。

肆 高效会议篇

第十六章

实现高效会议的七个关键是什么

一、会议目的解析

前一段时间，我一个下属的下属提出离职。当我得知这个消息之后，我决定亲自跟他聊一聊，因为他的个人能力很出众。我有两个目的。第一，如果能够挽留他，那么我会尽可能地挽留。第二，如果不能挽留他，那我至少也要知道他离职的原因，这或许是我们改进的方向。与此同时，我会去评估和判断他的上级也就是我的下级，了解他在工作中有哪些需要改进的地方。一个员工离职，最主要的原因在于他的直接上级。

当我跟他沟通之后，他告诉我他要离职的原因为：效率太低，内耗太多。我听完之后一身冷汗，问，是什么样的原因让你产生这种感觉的呢？你能举例说明吗？他说，我们的领导经常随时发起会议，并且一开就是一个上午，开到最后，连主题都忘了。这样的会议，耽误了我们的工作时间，让我们不得不自己加班。而这样的会议，让我没有任何的收获。所以，这让我很难受。

因为你的管理者不会开会，而导致你的核心骨干流失，并且最后就是效率太低，内耗太多。所以，管理者学会开会是最重要的一件事情。为什么？我同样要给你算一笔账。如果你的管理者下面有 7 个人，加上他一共 8 个人。他的工资是 1 万元，剩下的人的工资是 5000 元。如果他开了一上午的会，花了三个小时，最后没有任何结果，他就浪费了你学校的 1000 元。会议最大的成本就是时间成本，而没有结果的会议就是对公司的犯罪，没有准备的会议就等于一场“集体谋杀”。

所以，不管你开什么会，开会之前，都要有充足的准备，开会之后，都要有明确的决议，并且要有详细的执行计划书，不要开无效会议。

我们在开会前，首先要思考一点：这件事情有必要通过开会来解决吗？是开会的效率更高，还是单独确认的效率更高？当你进行这样的思考之后，才能发起会议。会议的目的是为了解决问题。哪些是可以通过开会来决定的呢？比如，你工作进度的汇报，部门之间需要沟通协调的工作，需要领导拍板和定夺的工作都可以用开会来讨论。而那些烦琐的小事，你就自行决定和单独沟通吧，不用每次都用开会的方式决定和讨论。

二、高效会议的七个核心关键点：5W2H 法

第一个 W ：Why。对于会议目标，我们说，只有当你知道要去哪里时，你才知道如何去。不管什么样的会议，你都要清楚，此次会议的目标是什么，也就是说，你要通过会议去解决什么样的问题。当你清楚目标之后，你才不会偏离主题，你才不会被其他人的发言带偏，避免到最后没有任何结果。

第二个 W：What，即会议的主题。打靶要打靶心，而会议的主题就是这个靶心。打靶心、控节奏，开会是为了提高效率，开会本身也要提高效率。在开会之前，你先要把主题确定下来，然后要求每个人根据这个主题，带着一套方案，带着三点思考，而不是只带上笔和笔记本来等着我们给出答案。

如此一来，老师在会前做充足的思考，而在会上我们只需进行讨论和决定就可以了。如果你坐在会议室，发现你的老师没有做任何思考，没有提出有建设性的问题，这时，我建议你停止开会，让大家下去就这个问题思考两天。两天之后，再回到这里，再次开会。因为，只有思考越多的会议，质量才越高，而会议决策的效率也就越高。

定完主题之后，要给每个人发放一份会议流程安排，便于大家

根据会议流程提前做准备工作。而不是在你走进会议室的那一刻，你才确定会议要讨论什么，这样的会议，注定是低效率的。与此同时，会议的发起人也需要提前收集资料、准备资料，将每位老师的方案提前收集好，打印出来人手一份。每一次会议，都必须有充足的准备，永远不开没有准备的会议。以下是一份朗培教育集团 2019 年上半年工作总结及下半年工作规划会议流程安排，如图 16-1 所示，供大家参考。

朗培教育集团2019年上半年工作总结及下半年工作规划会议流程安排						
序号	事项	部门	负责人	时间	内容	备注
1	PPT提交	行政部	××	7月3日17：00之前	总结PPT发送至××邮箱	请务必提前提交
2	会议记录	行政部	××	14：30-17：00	会议记录	全面、清晰、有条理
3	会议主持	总经办	××	14：30-17：00	/	/
4	会前仪式	全员	××	14：00-14：35	诵读企业文化、拥抱鼓励	/
5	领导致辞		××	14：36-14：51	××致辞	/
6	各部门工作汇报	教学组	××	14：52-15：02	2019年上半年工作汇报及下半年工作规划	请掌控好时间
7		教研组	××	15：03-15：13	2019年上半年工作汇报及下半年工作规划	请掌控好时间
8		市场部	××	15：14-15：24	2019年上半年工作汇报及下半年工作规划	请掌控好时间
9		咨询部	××	15：25-15：35	2019年上半年工作汇报及下半年工作规划	请掌控好时间
10		教务部	××	15：36-15：46	2019年上半年工作汇报及下半年工作规划	请掌控好时间
11		行政部	××	15：47-15：57	2019年上半年工作汇报及下半年工作规划	请掌控好时间
12		人事部	××	15：58-16：08	2019年上半年工作汇报及下半年工作规划	请掌控好时间
13		财务部	××	16：09-16：19	2019年上半年工作汇报及下半年工作规划	请掌控好时间
14	工作部署		××	16：20-16：45	集团战略规划及工作部署	/
15	总结致辞		××	16：46-16：56	总结致辞	/
16	会议结束		××	16：57-17：00	加油打气	/

图 16-1　朗培教育集团 2019 年上半年工作总结及下半年工作规划会议流程安排

第三个 W：Who，即会议的相关人员有哪些？这次会议有谁来参加？由谁来做决策？由谁来主持？由谁来记录？这些都要清晰地呈现出来。

第四个 W：Where，即会议的详细地点。

第五个 W：When，即会议的具体日期及时间。

还有两个 H，第一个 H：How 即会议的形式及会议的物料。我们常用的会议形式有视频会议、电话会议、语音会议和座谈会议。我建议你尽量选择座谈会议。大家面对面地沟通有时候都会在沟通上产生分歧，更何况前三种形式都是异步沟通，在沟通的时候信息会衰减得更多，准确度和效率都会受到影响，会议质量必定会受到影响。所以，会议是大家尽可能地坐在一起来进行的。

第二个 H：How long，即会议的时间把控，包括会议的时长，比如会议的时间为 8:00-10:00，14:00-17:00。大家需要把准确的时间列出来，而不是只写 14:00 开始。如果没有准确的时间，那么与会人员都不敢安排自己后面的工作。最后的结果是，因为下午有会，他一下午的工作都做不了。所以，一定要把这个时间列出来。

还有发言时间，参会的每个人如果有轮流发言的机会，他的发言时间是几分钟，讨论时间是几分钟，总结时间是几分钟，你都需要把它呈现在流程安排上。让每个人在准备的时候，就根据自己的时间去进行内容的准备。王健林在开会的时候讲话的时间很短，他对每一个时间点都把握得非常准确。这是对别人的尊重，更是对自己的尊重。

会议纪律：

第一，我们要准备一个小闹钟，轮到每个人发言的时候，上好闹钟，闹钟一停就停止发言。既能有效控制好时间，也能训练每位参会人员提炼关键点的能力。

第二，准备一个“机窝”。在每次开会时，很多人会带上自己的电脑、手机，甚至是书。因为，他觉得在不重要的环节，他可以去干自己的事情。准备一个“机窝”，请参加会议的每个人把自己的手机调成静音，然后统一收到“机窝”里，等会议结束的时候再还给大家。

在开会期间，严禁走动。

开会的目的是解决问题。如果没有达成结果，那么将是对大家时间最大的浪费。所以，在这个过程中，老师既要积极发言，同时主持人还要及时控制主题。如果有偏离主题的，主持人要及时进行纠正和调整，所以主持人的角色也非常重要。会议时间最好控制在1～3个小时以内，因为时间太长，人会疲惫，会议效率就降低了。

为了保证逢开会必有结果，要做好以下三点。

第一点，凡是开会必有记录。

第二点，会议文件签字确认。

第三点，会议决策必有追踪。

很多时候，即便是会上讨论过的问题，在之后的工作中还会反复出现同样的问题。你在疑惑，这个事情我们不是已经讨论过了吗？这个事情我们不是已经说过了吗？可是为什么又出现这样的问题呢？为了避免这样的情况出现，在会议上我们要形成正式的文件，与会者轮流签字，每人一份。

你必须有准确的、完整的会议记录，这样才会有迹可循。很多时候，我们的管理者在开会结束时，就以为问题解决了。其实，当会议结束后，才是解决问题的开始。所以，每一次会议，必须有督查流程。谁负责？谁辅助？谁执行？谁验收？什么时候开始？花多长时间？什么时候结束？花多少资金？达到什么效果？边界要清晰，还要具体可行。

会议文件需要签字。在每次的会议结束之后，我们的记录人要当场宣读会议的决议，每一个人确认之后，轮流签字。为什么要签字呢？因为签字代表知晓，签字代表同意执行，签字还代表承诺。所以，经过签字的会议决议，才是有效的决议。在以后的工作中，如果我们有不清楚的地方，就可以直接查看某年某月某日的会议记录，这样能够更好地降低我们的沟通成本，确保执行的准确性。

会议决策必有追踪是指我们的结论在纸上，我们的执行在地上，所以各位校长要切记，散会不追踪，开会一场空。不要以为你告诉了他，你安排了这个事情，你就可以高枕无忧了。你必须建立会议的事后追踪程序，跟踪检查，反馈调整。会议的目的是解决问题，那怎样的会议才算是解决问题了呢？有结果的会议，才算是解决了问题的会议。

在这里，我给大家分享一份会议记录表，如图 16-2 所示，作为参考。

会议记录表			
会议时间		会议地点	
会议主题			
参会人员			
记录人			
会议内容			
会议结论			
签字确认			

图 16-2　会议记录表

第十七章

学校早会如何开，才能提升工作效率

在你的学校，有没有这样的情况：老师经常卡点到学校，个别老师在上班时间仍然在吃早餐，甚至还有老师在上班时间聊昨晚的电视剧情节，久久不能进入工作状态。刚工作一会儿，他们又开始讨论中午要吃什么，一上午时间就这样被浪费了。你很着急，却无力改变，这是什么原因导致的呢？原因是你的培训学校没有导入高效早会，让员工快速进入工作状态。一个高效的早会犹如一杯醇厚的咖啡，可以快速让团队进入工作状态，提升工作效率！

日常早会有三大误区。

（1）流于形式：很多管理者不重视开早会，不会去精心设计早会的每一个细节、流程，团队开早会就是例行公事地喊喊口号。于是，一个很好的管理工具就流于形式了。

（2）解决问题：还有很多管理者把早会开成了日常工作的安排会，甚至还要在早会上点名批评做得不好的员工，让整个早会的氛围非常压抑，这个早会开完后，完全没有达到振奋团队的目的。

（3）内容太多：有的管理者喜欢把很多工作都搬到早会上来传达，只要一开会就长篇大论地说，一个早会往往要开三四十分钟。

耽误团队工作时间不说，早会结束团队成员就已经很疲态了。

造成这种情况的原因是很多管理者缺乏对早会的正确认识。早会最核心的目的就是提升团队的状态和士气，让团队高效地开启一天的工作。至于工作安排、工作总结、工作计划等，我们完全可以安排到夕会去处理。

高效早会有三个要点。

（1）文化传递：文化是一个企业的魂，在早会的第一个环节一定要安排诵读学校的文化，还要让员工有仪式感地大声诵读。可能你的老师刚开始对学校的文化还没有深刻的理解，通过早会不断大声诵读，让老师不断地重复，自然就会外化为日常的行为。

（2）榜样力量：每天选择一位正能量且做出工作成果的员工，让他上台分享经验，通过榜样的力量来影响团队。通常在员工分享经验之后，主持人还可以根据他的分享适当提炼，把他获得成功背后的品质和精神进行提炼、升华。让团队相信，他能够做到，那自己也一定能做到。

（3）正向激励：在早会最后一个环节一定要安排在场的最高领导上台讲话，将团队士气推向最高！早会开得好，团队的业绩就好；早会开得不好，团队的业绩就会不好。通常在我的团队，对于管理者如何去开这20分钟的早会，我都会进行培训。我要求我的管理者每天上班的第一件事就是开好激励早会。所以，我的管理者在前一天晚上就会挖空心思地去想：在第二天的早会上，我要讲什么振奋人心的消息才可以激励团队？我要重点颁发什么奖励？表彰哪个员工和团队？他需要提前做好准备，甚至是把要讲的话进行梳理并写下来。通过这个环节，让你的团队热血沸腾，充满动力地开始一天的工作。校长，其他会可以不开，早会必须你亲自给团队开！

各位校长，只要你掌握了开早会的核心目的和形式，你就可以根据你学校的情况进行调整。能提升团队一天工作状态的早会，就是高效的早会！

第十八章

如何巧用夕会提升能力，实现上下同频

大家常说，一日之计在于晨，其实，一日之计不在于晨，而在于下午的夕会！员工在一天的工作中，消耗了激情，在工作中遇到了困难，产生了负面情绪，夕会的目的就是帮助员工解决问题，调整情绪，让他明天更好地投入工作。如何通过夕会提升团队能力，实现上下同频？我给你分享夕会的四个流程。

一、工作汇报

早会是一对多的士气激励，夕会是一对一的问题梳理。学校的夕会需要分部门、分团队进行，才能一对一地解决问题。夕会的第一个流程是，每位老师轮流简明扼要地用数据汇报今天的工作成果，我以一位教务部主管给教务部开夕会来举例。教务老师对今天的工作汇报如下。

第一，我今天上午整理了两个新开班级的学生档案，12 位学生档案不齐全，我打电话给 12 位家长，了解学生信息，补齐学生档案，预计明天全部完成。

第二，我打电话给拉丁舞高段家长，通知调课事宜。我打了 12 个电话，打通 8 个，剩下 4 个未接通，已发送短信通知，我会继续拨打这 4 个电话，争取今天全部通知到位。

让员工通过数据来汇报工作成果，从而培养他们的数据性思维。

二、问题分析

除了汇报常规工作，还需要让员工对今日工作进行反思。所以，夕会的第二步是汇报在今日工作中做得好的两到三点，以及在今日工作中遇到的问题。如果发现工作中的亮点，你要在团队中进行表扬和普及，让优秀经验得到传承；如果在今日工作中遇到问题，你要提出问题，并讲明问题和缘由，以及对问题进行初步分析。

举例：这位教务老师在今日的工作中出现了一个问题，在通知家长调课信息时，有 4 位家长对拉丁舞老师反复调课表示不满意，打乱了家长的其他计划。剩下 4 个还没打通的电话中，预计有一位家长也会有比较大的意见。针对这个情况，教务老师只能安抚家长的情绪，如果家长意见较大，该如何处理？

老师在提出问题之后，对于能够解决的问题，管理者应该在夕会上当场解决。对于不能解决的问题，管理者在会上要提出解决方案、解决时间及负责人，之后根据会上的安排再继续跟进。

通过每天强化工作亮点，深度思考工作中的问题，提升员工的工作思维及解决问题的能力。对于不能处理的问题，可以调动领导的资源，更好地让你和领导的管理思维同频。

三、明日计划

夕会的第三步是让老师轮流汇报明天的工作安排，每项工作汇报要落实到时间节点。校长要针对不合理的安排进行指导，同时对员工今天的工作表示肯定，对明天的工作提出期望。

四、一对一指导

夕会的第四步是针对今天的工作汇报，让成果不理想的员工或问题未得到解决的员工在会后留下来，校长进行一对一指导，具体地了解问题，梳理员工情绪，给出解决方案。

举例：教务老师汇报拉丁舞调课事宜多次发生问题，校长给出解决方案。

（1）请各教务老师在周末与家长沟通，可以考虑给家长手写一封致歉信。

（2）安排拉丁舞老师在课后给孩子增加一对一指导时间，把调课带来的不满意度降到最低。

（3）安排执行校长跟拉丁舞老师深度沟通，向老师提出要求，表明调课情况不能再发生了，希望老师能多多理解。

早会是“打气”的，夕会是“补胎”的！通过你的一对一指导，老师不仅有信心去面对困难，还能找到解决问题的方法。

第十九章

如何通过周总结会实现里程碑式管理

各位校长，你有没有发现，你月初制定的目标，到了月底总是没完成。甚至有的学校制定的月度目标，从来都没有完成过。这到底是为什么呢？原因是，我们错误地以为制定目标后，把目标分解到团队，团队就可以自动完成目标了。如果没有完成目标，那就是团队执行力的问题。到底是不是团队执行力的问题呢？正确的答案其实是：制定目标后，员工要每日汇报，管理者要周周检测，找出障碍，及时调整策略，推动目标达成。不要在月初制定了目标后，团队整月处于放养状态，到了月底检查目标时，才发现还有很大的差距。要通过周总结会实现里程碑式管理，把月度目标分解成周目标，一周一检测。那培训学校如何通过周总结会确保月度目标达成呢？我给你分享周总结会的四个流程。

一、上周工作总结

在刚导入周工作总结的时候，我发现我的管理者在汇报工作时像流水账一样，把团队一周做过的工作从头到尾地汇报一遍，还很骄傲地认为自己的团队这周做了 60 项工作；也有的管理者在汇报工作时抓不住重点，把团队中发生的事情绘声绘色地讲一遍，甚至动情之处，还潸然泪下，让在场的同事无比尴尬。为了避免这种情况出现，在工作总结时，一定要配置一个小闹钟，每人讲 15 分钟，在 15 分钟内必须让领导看到你这周所采取的管理方法及管理成果。正确的工作总结汇报方式应该是用数据呈现上周的工作成果，以百分比的形式展现出来，简单汇报上周的重点工作。

二、上周工作反思

如果团队完成了周目标，你要提炼出三点值得大家借鉴的经验，便于其他管理者学习。如果团队没有达成周目标，你要提出三点不足及改进措施。

周总结会是利于管理者互相“照镜子”的会议。通过各团队管理者的工作汇报，让大家能清楚地了解不同管理者的管理思维，通过他人的经验帮助自己成长，也通过自省让管理者进行深度思考。成绩不晒跑不了，缺点不说改不了。周总结会的工作反思能大大提升管理者的管理思维，实现团队的共同成长。

三、下周工作计划

周总结会的第三个流程是简明扼要地用两分钟说出团队下周的目标及重点工作。

四、领导点评工作

在管理者进行汇报之后，领导要对上周工作中的亮点进行肯定和鼓励，同时对各部门进行点评，指出他没有看到、没有想到的管理漏洞，让管理者从你的点评中有所收获。公司就是学校，管理者就是老师。

例如，市场部上周工作目标达成150%，超额完成，你在肯定结果的同时，还要适度提醒员工不要得意忘形，切不可因为业绩好就放低对团队的要求，疏忽日常工作量，使业绩下滑。氛围如果不好，你力顶千钧都难以让团队的士气再回来，越是团队状态好的时候，越是管理者应该提要求的时候。

除了点评工作，你更应该把周总结会做成一次传承学校文化、价值观的管理会议。比如，在你外出学习之后，你了解到教育行业的大好趋势，对比了同行，你发现你们学校的核心竞争力还是很强的，你可以给你的管理者讲一讲教育行业的发展趋势、教育行业的现状和未来，以及你对学校的信心。给你的管理者注入一针强心剂，让他们也能相信学校的未来十分光明。比如，你最近读了好书，可以借助这本书传递你的价值观。签上你的名字之后，你可以给你的每位管理者赠送一本，实现核心价值观同频。

第二十章

如何使用月度 PK 启动会，赛出高业绩

各位校长，我给你们出一个选择题：一群羊和一群狼发生战斗，你认为是这群羊会胜利，还是这群狼会胜利呢？这个问题的答案显而易见。学校和学校最大的区别就是团队的区别。你的团队是一群羊还是一群狼呢？只要团队状态好、士气好，学校的业绩怎么都差不了。如果你的团队软绵绵的，只有你一个人在拼命奔跑，你一个人拖着整个团队，你就算勤奋到累趴下了，最后的业绩也好不了。

所以，各位校长，最重要的是通过策略和机制，让你的团队跑起来，你才有时间去思考战略的事情。想必你也有一个美好的愿望，也渴望拥有一支狼一样的高业绩团队。那如何通过月度 PK 启动会，让你的团队赛出高业绩呢？我给你分享朗培每个月 25 日各部门一定

会开展的月度 PK 启动会的一个核心、三个流程。

一个核心：

主持人是整个月度 PK 启动会能否成功的关键！举办月度 PK 启动会的目的是激发团队的使命感，让大家通过月度 PK 启动会给自己装一个“马达”，自律且高效地工作，否则就是愧对自己，愧对团队。所以，主持人一定要是一个“能点火”“能挑事”的人，点燃参与 PK 的个人和团队，语言既犀利又不伤人，让月度 PK 启动会充满火药味，你的月度 PK 启动会就成功了。我建议，前三个月的月度 PK 启动会，最好由校长亲自主持！

三个流程：

1. 上个月业绩展示

月度 PK 启动会的第一个流程是将上个月各团队及个人的排名展示出来。主持人根据排名的先后顺序，在 PPT 上展示每个团队、每个人的照片及排名。各团队、个人上个月为学校贡献了多少业绩，一目了然，让所有人都能看到数据。

通过晒业绩，让拿到冠、亚、季军的成员有超强的荣誉感，因为他是为团队贡献了最大价值的那个人！而排名倒数的成员，稍微有点自尊的，都会咬牙告诉自己：绝对不能再有下一次。想要保持好业绩，怎么办？那就跟这个月一样努力。下个月不想倒数，怎么办？那就死磕，拼命努力，证明自己。通过数据的展示，让大家为团队而战，为荣誉而战。用“晒”促使团队自动跑起来，激发团队荣誉感，让你的管理更轻松！

2. 颁布上个月奖励

成绩“晒”出来之后，还要在月度 PK 启动会上隆重邀请学校的最高领导给获得冠、亚、季军的个人、团队颁发上个月的奖励，并拍照留影。同时，还要邀请拿到奖励的团队主管及个人发表自己的获奖感言，让台下的每一个成员都渴望走上这个舞台，拿到奖励。

而对于上个月信誓旦旦却没有拿到奖励的成员，主持人要对他们进行采访。例如，这个奖励本该属于你，然而被你的对手拿走了，你有什么感想？这个月输了，你服还是不服啊？不服怎么办？下个月继续来战！

在这个环节要让获奖的成员热血沸腾，让失败的成员无颜见人！管理者把机制建立起来了，团队就会自动跑起来，你只需在后面为他们加油！

3. 启动下个月 PK

业绩“晒”出来了，奖励也颁布了，第三个流程是启动下个月团队和团队之间的 PK，个人和个人之间的 PK。请参与 PK 的团队上台喊出团队的宣言，让参与 PK 的个人上台各自拉票。

伍

团队打造篇

第二十一章

放飞自我，读懂年轻人的世界

年轻人的特质

我经常听到有校长说自己的团队不好，90 后员工不好管，00 后员工动不动就离职，还不打招呼、缺乏责任心、传播负能量等。如果让你说，你两天两夜都说不完团队的痛，做校长真的很累，累就代表不对。我们来思考一下，当你的团队出现以上问题的时候，你的第一反应是什么呢？如果是抱怨，那就是无能的表现，推诿也是不负责任的表现。

管理就是用有限的资源获得最优的结果，如图 21-1 所示。如果有可观的薪酬作为杠杆，有高能的团队创造高绩效，那么请问还需要管理吗？

2019 年的暑假上映了多部电影，其中有一部国产动画片荣登中国动画电影票房第一，短短九天时间票房突破 20 亿元，它就是被刷爆朋友圈的《哪吒之魔童降世》，我相信你也为票房做过贡献，你看完这部电影之后，是否看明白了呢？相信你看明白这部电影之后，也就看懂了管理。

什么是管理

用有限的资源，

获得最优的结果！

图 21-1 什么是管理

我们一起来回顾一下这部电影。在电影里哪吒是一个手插口袋、囧字脸、假装洒脱、冷漠的形象。你认为我是妖，我就是妖，我就自暴自弃给你看。在表象背后隐藏的是一种渴望，他渴望被村民认可，渴望跟小伙伴踢毽子，渴望有更多的使命感，而且他是一个有非常多的想法、学习力超强的人。他不过是通过这些行为来吸引人的关注，所以在这背后隐藏的是一个等待被注意到的孩子。各位，我们刚刚分析了哪吒的形象，你有没有发现哪吒像极了你团队里的 90 后、00 后员工呢？

如果看懂了这部电影，你也就看懂了管理，我们一起来看电影、学管理。在这部电影中，有三个管理年轻团队的方法。

方法一："有面子"。在哪吒的生辰宴，当哪吒得知全城百姓都要给自己庆生的时候，你是否还记得，他得意地站在镜子前，偷偷打扮的电影桥段呢？我团队里上个月的冠军团队在获得冠军之后给自己所有的客户发送了这样一条信息。

“7 月，我们团队荣获了月度冠军。感谢一直以来各位校长的支持，是因为你们的支持才成就了今天的我们！”在这一段文字背后有一段故事，在 7 月 25 日月结日的那天 21:55-22:00 之间，冠军团队和亚军团队分别报出了大量的单。仅仅几秒，第一名和第二名反差极大，原本的第一名成了第二名，原本的第二名成了第一名。第 2 天，这两个团队的管理者都来到了我的办公室，他们在我面前一把鼻涕一把泪地说：“冠军是我们的”，另一个团队的管理者说：“冠军是我们的，同情归同情，规则归规则。”第二名的管理者非常不甘心，他说“团队付出了那么大的努力，好不容易取得了成绩，可是最后没有得到冠军，无论如何荣誉也要给我们一份！”听完这个故事之后，各位校长有没有发现，其实现在的 90 后面子对他而言比你的金子更重要呢？所以各位亲爱的校长，你给不了金子，你可以给足面子。

关于“有面子”，我们有什么样的方案可以落地呢？

我给大家分享两点：

第一，授予称号。

第二，以名字为方案命名。

授予称号：可以通过学校的家长和孩子来评比老师，评比出你校区里面的“最美老师”“魔力老师”“天使老师”等。然后通过你的颁奖大会给这些老师颁发勋章、授予奖杯，因为他们需要被看见。

以名字为方案命名：在你的管理过程中，有创意的想法被我们采纳了之后，我们可以以他的名字为方案命名。比如“小辛续费行动”“大鱼招生计划”“明月校庆活动”。你的老师都希望被认可，当赋予他们这样的荣誉称号时，他便有动力去把工作做得更好，他也更有参与感，因为他知道这套方案他是贡献了力量的，他不允许在自己的手上出现错误。除此之外，我们不仅可以给足他荣誉和面子，我们也可以让他在他的父母、孩子面前有面子。比如邀请他的父母参加年会、校庆活动，并且在年会上对他进行隆重的表彰。你要相信，越是在乎这份荣誉的人越好管理。你多了一项管理工具，他在乎荣誉，所以他渴望持续得到更多的荣誉。

方法二：“有使命”。在电影中有一个桥段：哪吒的母亲灵机一动对哪吒说，你是灵丸降世，天降大任，你要拯救苍生。当哪吒被赋予使命之后，他与水怪打斗救出了小姑娘，觉得自己无比伟大，甚至希望村民能够因为这一次行动改变他们对自己的看法。

我有一次在做到校指导的时候，校长在给他的团队开早会，他的早会是这样开的，他说：“我们今天要开始续费工作了，每个班都要认真做好续费工作，这样才能保证学校正常地运转。希望大家都能够积极配合学校的发展战略。”你觉得这段话有没有什么问题呢？

作为教育工作者我们要多讲情怀和梦想，少讲成本和战略，让你的团队感受到他生来就是与众不同的、要改变世界的，虽然平凡，但是不平庸。我们团队里的大多数员工对自我的认知都极不准确，他们认为自己生来就是天才，就应该干与众不同的事情，他来到你这里是战斗的而不是混饭吃的。那么这个早会，你应该怎么开呢？同样的话，你是否可以换一个形式告诉你的团队呢？我们可以说："每一个孩子都是国家的未来，国家跟国家的竞争就是教育的竞争，而教育的竞争落在我们教育工作者的肩上。教育是最廉价的国防，我们要承担起教育的责任，去成就更多的孩子，去帮助更多的孩子。让我们的成就推动教育的前进，同时也实现自我的人生价值。"各位校长，两段话表达了同一个意思，你认为哪段话会让你的老师更有动力、更有使命感、更愿意去完成他的工作呢？很明显，第二段话更有使命感。

所以，在日常的管理中我们要给团队多讲责任，讲教师的责任，多讲价值、教育的意义，你要赋予任何一件小事极高的价值和意义。所以我一直认为在管理的过程中，没有什么惊天动地的大事，那些一件又一件的小事更重要。当你做到了极致之后，就能完成你的管理目标。

就连开早会这样的小事，不同的开法都能带来不同的结果。

同时，你还可以在校区多举行赛课比赛、辩论比赛、演讲比赛。通过赛课比赛让老师们明白，他们要用一颗严谨的心去对待教育。而辩论比赛、演讲比赛的主题可以为："我是一名教育人""我和我的孩子们"，以此来更好地唤醒每一位教育工作者的使命感。

方法三："有成长"。如图 21-2 所示，图片上这个可爱的、胖胖的形象是太乙真人，他是哪吒的导师，教哪吒仙术、送哪吒坐骑。

图 21-2　太乙真人

在 90 后员工的世界里，能够让他们服气的老板只有两种，第一种用实力碾压自己，第二种用金钱砸死自己。那么对于心比天高却仍需要成长的 90 后员工，成为他们的灵魂导师无疑是让员工追随你的最好方式，如图 21-3 所示。

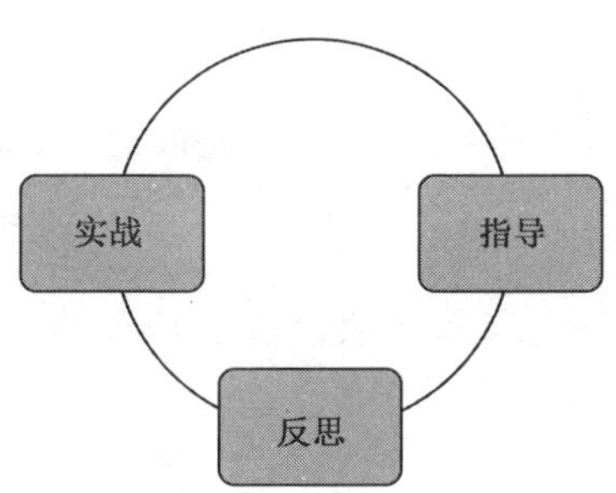

图 21-3　学习圈

所有学习和成长都是通过这个学习圈来实现的。我们在实际工作中通过导师的指导进行深刻反思，然后再带着你的思考进行下一次实战。每一次的成长都是通过这样的一个学习圈正向循环的，所以有指导和没有指导的成长会有天壤之别。当你成为团队里的灵魂导师后，无论是在工作上还是在生活上，当你团队里的伙伴在工作中找不着出路的时候，只要一找到你，你就能给他指导，给他希望，他会很感激地跟着你干，他也会很愿意跟着你干，因为他的成长离不开你的陪伴和指导。所以你要像导师一样去支持员工，帮助员工成长是让员工追随你的最好方法。

案例：

你的新晋管理者要去给你的团队开一次会，你应该如何辅导他呢？在他开会之前，你需要与他进行沟通，明确本次会议的目的。你们俩首先要达成一致，才能确保他和你的团队能达成一致。紧接着，他要先做出来会议流程，你要对流程进行审核，审核流程上是否有不妥的地方，帮助他修正和调整。除此之外，他在这次会议上的发言稿都需要你去帮他修改。

我们需要分成三个步骤对管理者进行辅导。在一些特殊的场合，我们需要跟员工一对一地沟通。比如，员工要离职了，员工状态不好了，在与他一对一地沟通之前，你更需要进行提前辅导，依然有三个步骤。

第一步，明确此次关键对话的目的。你是希望聊完之后他充满动力地回到工作岗位上，还是他直接提出离职呢？

第二步，当我们了解完目的之后，你要营造一个什么样的沟通氛围？是用一个正式的场合，还是以一个非正式的场合吃个晚饭、喝杯咖啡的形式进行沟通呢？

第三步，依然要帮他梳理，肯定他的价值、肯定他的付出、给予他更高的期望。我们要对沟通的逻辑进行梳理，在沟通完之后，还要让他给你汇报沟通的结果。是否达成了目标？意见是否达成了一致？

各位管理者，你有没有发现，每一件微小的工作背后其实都有详尽的流程。你不要指望你交给管理者一项工作，就会有一个完美的结果，只有你手把手地进行培养和指导，才能让你的员工获得更快的成长。而通过这样的培训，也让你们之间的默契感越来越强。管理就是不断同频的过程，你要和你的团队达成同频。管理是“泡”出来的，你的时间花得越多，你与团队的同频程度就会越高。

所以各位校长要记住，天才员工是你不厌其烦地训练和辅导出来的。

第二十二章

如何开展团建才能少花钱、更走心

如何开展团建才能少花钱、更走心？团建，相信你们并不陌生。如图 22-1 所示，一提到团建，你想到的是不是就是这些呢？

图 22-1　一提到团建，你想到的是不是就是这些呢

唱歌、烧烤、野外训练、撕名牌，大多数团建都离不开这些。现在的团建活动无论是员工自己想去还是被迫去的，无论是好玩的

还是有趣的，你都会发现你的员工表面激情万丈而内心却极度反感。

作为校长，花了钱，花了心思，做了活动，到最后没有实现你的团建目标，费力不讨好。那么，我们一起来细数一下在以前的团建过程中，有哪些团建活动是让员工反感的呢？只有反思才能让我们在以后的团建活动中少走弯路。

反感指数 5 颗星——拓展训练，员工本以为在大学毕业后就不再有军训了，然而参加工作之后却发现，拓展训练比军训还要苦。

反感指数 4 颗星——吃吃喝喝，这和日常聚会没有太大的区别，而最大的区别是，他是在和领导一起吃饭。其实你不知道的是，员工最反感和领导一起吃饭。因为，这样的场合让他不知道该如何表现，他会很尴尬、很拘束。

反感指数 3 颗星——KTV，我们做了很多 KTV 的团建活动，但是，最后你会发现，喜欢唱歌的永远是那几个人，而剩下的大多数人只能在一个角落里默默地玩手机。每次的 KTV 活动到最后，留下来的人都只有那么两三个，其他人都以各种理由先离开了。

以上这些活动既不是团建，又不是聚会。想做好团建，首先要了解团建的目的。因为知道要去哪里，才能知道用什么样的方法去那里。

团建的目的是通过活动凝聚人心、团结队伍、统一核心价值观、塑造团队文化。当明确目的之后，我们一起来思考一下，要用什么样的团建形式，策划什么样的团建活动，才能让你的员工充满期待。我们必须摒弃乏味无趣的传统团建，策划更高效、更有趣的团建。

我们来看一下有品位的团建是什么。有品位的团建是以员工为核心，有明确的目的，有激励团队、增进感情的活动。

团建有两种类型：

第一种，文化团建。

第二种，目标团建。

文化团建是用来凝聚团队、让新人融入的，如我们在节庆日为员工所做的创感活动，以及统一价值观这样的活动，我们把它统称为文化团建。简单来说，就是通过活动统一价值观。

目标团建就是指我们在安排一个工作之前，可以给予团队鼓励，或者是当团队实现目标之后，我们要开展一个庆功宴，对员工进行奖励。这样的团建叫作目标团建。所以，文化团建和目标团建都有着不同的团建形式和团建活动。

团建形式有三类：第一类，节庆日的创感活动；第二类，室内的小型拓展活动；第三类，是我要重点给大家介绍的“空巴活动”。

第一类：节庆日的创感活动。

比如，母亲节活动，为自己或者自己的妈妈亲自插一盆花。无论你的员工已经当了妈妈，还是没有孩子，没有结婚，你都可以策划这个活动。这样的活动形式让员工参与感很强，并且成就感也很大。让员工可以看到，摆在自己眼前的各种花，最后被制作成了一盆漂亮的花。把一个漂亮的作品拿回去送给自己的母亲，送给自己，都特别有意义。

比如，情人节活动，我们也把它做得特别有意义。每当情人节到来之前，你会发现办公室里那些有男朋友的、有老公的人，不是在收花就是在收巧克力，她们不断地收到礼物，让那些没有男朋友的单身人士情何以堪！所以，我们要照顾这一部分没有男朋友的女老师。我们可以做一些交友联谊的活动，让愿意参加的人一起来参加。通过这样的一个活动，即便你没有搭对成功，但至少在这样的一个节日，你并不孤单，而且还能够体现学校对于每一个人都很关注。

第二类：室内的小型拓展活动。

这类活动操作简单，工具也很简单，甚至有的时候不需要工具就能操作。比如，锻炼沟通力的活动，如七巧板游戏、盲人积木游戏；锻炼领导力的活动，如盲人摸象、“达·芬奇密码”；锻炼团队协作能力的活动，如两人三足、驿站传书。类似的小型拓展活动在网络上有相关介绍，并且有详细的操作流程及所有的道具。

第三类：空巴活动。

空巴活动是通过你把团队聚在一起，每一次活动有一个主题，大家通过这个主题做更多的交流和分享，让彼此的关系更近一些，打开心扉。

图 22-2 所示是 2019 年我们团队举行的第一次空巴活动。我们看这位老师写的是：2019 年第一次空巴，意义非凡，互相吐槽优缺点，原来自己有那么多需要改进的地方，也有那么多被认可的地方，懂得自省才能进步。

图 22-2 空巴活动

每次空巴活动都要有一个主题，那这次的活动是在一个什么样的背景下举行的呢？举行这次活动是因为在这一段时间，我发现团队各个部门之间的沟通不那么顺畅，在没有达成理想结果的时候，他们之间会互相抱怨。所以，为了解决团队沟通不畅的问题，为了团队能够更好地协作，我发起了这次空巴活动。

空巴活动最原始的流程是大家一起吃火锅，并且还要喝酒，为什么？因为，我们用自己的筷子在同一口锅里一起夹食物，这样能够让彼此的距离更近。第二，一定要喝酒，为什么？在这样一个微醺的状况下，大家才能够打开心扉。要记住每一个人都要喝酒，如果有人不能喝酒，那这个空巴活动就难以进行下去了。

我们可以做一个简化版本，场地就在我们自己的会议室，准备一些小零食、小点心、红酒。

第一步：大家先吃点心、水果，喝酒、聊家常。目的是让大家能够从职场中放松下来，打开心扉，也是一个酝酿情绪的阶段。几轮之后，我们要开始进入主题了。

第二步：确定主题，如自夸，这是什么意思呢？每位老师说出自己三个优势的关键词，如自律、勤奋、目标感。第一个流程的主题设置为自夸，是希望每一个人都能够看到自己身上的闪光点。同时，用你的闪光点去影响更多的人。当每一个人都打开心扉，说到自己的优点都非常高兴的时候，也结束了第一个主题。接下来第二个主题是：自黑。你有优点，当然你也有需要提升的地方，所以在这一部分，我要求每一位老师讲自己的三个需要改进的关键词。自黑的目的是让大家在一个环境中，坦然揭开自己的不足。敢于说出自己的不足，才敢于面对和挑战自己的不足。第三轮的主题是："互怼"。在日常工作中，各部门沟通不流畅，彼此有抱怨，正常吗？很正常，那就拿到台面上来抱怨吧。这一轮，每个人轮流找出一个人，用两三个关键词进行说明，并且举例。在这样一个公众场合，大家能不带偏见地说出对方的不足，让以后的工作更顺畅地开展。并且被"怼"的那个人一定不会拒绝，也一定不好意思拒绝，甚至还会拿笔记本仔细地记下自己的这些缺点。

其实，我们创造了一个机会，营造了一种氛围。各位请思考一下，如果 A 走过来跟你说，B 有很多问题。你直接去找 B 告诉他这些问题更好，还是用空巴活动这样的形式更好呢？

第四轮的主题是：互夸。从自夸到自黑到“互怼”，再到互夸。这一轮，你给每个人准备几张便利贴，想对谁说什么，都可以写在便利贴上，再贴到他的后背上。

最后，当每一个人都看到自己收集了一堆便利贴的时候，内心有会非常强的幸福感和成就感。

你有没有发现，在这样一个轻松、愉快、温暖的氛围下，你轻松地实现了你的管理目标。

活动的最后一个环节，遵循峰终定律的原则，还要设计一个温暖的结束环节。比如，大家一起手拉着手，唱一首歌，录一个小视频，作为这次空巴活动的结尾。再比如，你可以写一封信，在这里念给你的伙伴听。

目前，我们公司内部每一个部门、每一个团队都会举行空巴活动，形式也很丰富。而且空巴活动一定是花钱最少、效果最好的团建活动。

团建既然是作为奖励和庆功宴，地点就要选择那种炫酷的、好玩的网红地点。活动形式有四种类型，我给大家一一列举出来。

第一类是运动类。你可以带领你的团队参加马拉松、羽毛球、网球、骑马、射箭活动，总之是那些年轻人都喜欢玩的就可以了。第二类是轰趴类，如泳衣趴、睡衣趴、别墅趴等，现在非常流行。第三类是游玩类，如迪斯尼、海洋乐园、漂流。第四类是聚会类，你需要找一下网红公园、网红民宿、网红餐厅这种类型的场所。

使团建成功需要抓住四个关键点。第一个叫释放点，要让员工玩得高兴，尽情地释放自己；第二个叫甜蜜点，你要让员工在这场团建活动中有一个特别温暖和感动的时刻；第三个叫惊喜点，你要让员工走进这里就有跟以往不一样的感觉；第四个，当然要有笑点和泪点。并不是每一次团建活动全部需要把这四点放进来，每一次团建活动至少有一个点就可以了。

每一所学校在给孩子策划活动的时候，都会特别用心。如果我们能像给孩子设计活动那样去给你的员工设计活动，那么你的团队必定是幸福感最强的团队，而你也必定会拥有一群追随你的员工。

第二十三章

幸福化三感团队打造法——存在感

我有一个朋友先后在两个大型集团工作，学校从北京开到成都，她从一无所有到创立十几家分校，在教培行业提到她的名字，无人不知，无人不晓。然而，就在她取得了优异的成绩，刚刚得到晋升，拿到股权，公司即将上市的时候，她却选择离开。这让人难以理解，她有着让人羡慕的工作和有吸引力的薪酬，为什么还要离职呢？她的理由很简单：感受不到领导的认可，自己没有存在感！像她这样任性的人不在少数，无关薪酬多少、职位高低，领导就是让她不爽了。在你的团队中有没有出现过这样的情况呢？如何让团队的员工找到存在感，留住人才，让团队充满幸福感呢？下面我给你分享两个方法。

一、让员工拥有合理的知情权

哈佛商学院的教授罗莎贝斯·莫斯·坎特提出了一个坎特法则：管理员工，尊重先行！尊重员工是人性化管理的必然要求，也是回报率最高的情感投资。过去，管理者是监工，员工是没有任何地位的劳工。员工只需做好该做的事，做不好随时会有挨打挨骂的风险。而在现在的企业中，雇主与雇员的关系更加平等和谐，双方的价值贡献是双向的。员工只是埋头去做这份工作，而不知道为什么要做，难以贡献他最大的价值。职位虽然有上下级之分，但工作中最健康的关系是平等，大家为了一个共同目标齐心协力地贡献自己的力量。

尊重的第一步，是让员工拥有知情权。员工不仅要知道他需要做这份工作，还要知道他为什么要做这份工作。很多时候，一线管理者在下达工作任务的时候，总喜欢直接传达任务，比如，大家明天把教案交上来，领导要检查。如果这样去给下属布置任务，你们很容易对立。因为你在要求他，你说的是要求，他说的是承诺。

最好的方式是，让你的核心下属参与一些重要的决策，这项决策是大家共同商议的，最后大家按照决策执行即可。在这个过程中，大家共同根据现状，制订出目前最好的方案，让你的下属认同决策的来源。同时，尽可能地带你的下属参加学校的核心会议，使其在会议上对学校的经营状况有更清楚的了解，让他看到自己工作的价值，大大提升员工的存在感。

二、让“谢谢”成为口头禅

在日常工作中，人性化管理基于管理者和员工的平等关系。员工完成了工作，他其实是帮你完成了指标和业绩。所以，我认为，在工作中管理者更应该尊重下属。因为你的呵护，他才能帮你更好地完成指标，毕竟你是最大的受益者。我们常规的思维是：谁帮了我的忙，我就感谢谁。而在工作中我的思维是：谁完成了工作指标，谁就是帮了我的忙，我就应该感谢他！所以在我的团队中，我提倡的是，你不用刻意跟我保持很近的关系，我只看你有没有达成好的结果。只要你的结果好，你就是英雄！

员工在完成了一项工作之后，哪怕那本该是他职责范围之内的工作，你也要对他说谢谢，如谢谢你提交了教案；谢谢你今天的培训，我收获很大；谢谢你提出了一个好的方案；谢谢你在我不在的这几天为我承担了这么多工作；谢谢你们完成了这个月的业绩……

一句“谢谢”是对员工最大的尊重和认可，在工作中，不要吝啬你的“谢谢”。让“谢谢”成为你的口头禅，让你的员工每天能感受到你的尊重和认可，找到存在感！

第二十四章

幸福化三感团队打造法——价值感

我有一个朋友，从十年前开始做培训机构，前五年发展速度快，他开设了 10 余家分校，在当地小有名气。五年之后，发展缓慢，甚至校区关了一家又一家。其原因是团队老员工太多，形成了固有的团队风气，失去了创业的激情，阻碍了企业发展。我们常说创业容易，守业难。在创业阶段，每天都有新的挑战，让你对工作充满动力。看到学校一天天发展壮大，你非常有价值感。在创业期过后，工作逐渐平淡，没有挑战性。团队每天面对重复的工作，时间久了，会产生疲惫感。

如果处理不好这个倦怠期，将会阻碍学校的发展。那么要如何破局呢？让团队找到工作的价值感有以下两个方法。

一、使学校的发展愿景清晰

学校的愿景是指引我们前进的方向，你对于学校三年、五年的愿景是否进行了规划，你的团队对于学校的发展蓝图是不是很清楚呢？在管理学中有一个“不值得”定律：员工认为不值得的事情，不会满怀热情，不会引以为荣。只要员工认为事情值得去做，就一定会做好。所以，每位校长，你自己首先要使学校的发展愿景清晰，还要持续给团队讲述愿景，不断地给你的团队点一把火，让员工看到他的工作是值得的。

你的老师在日复一日的教学过程中，指引他前进的动力是什么，他的价值是什么？他的价值是：让愿意相信他的家长、让愿意花时间和他在一起的孩子有所收获。让每一个孩子因为来到你的学校就能多收获一次，多成长一步，培养孩子面对社会所需要的品格。因为我们的存在，推动中国教育发展一小步！

当你和你的团队缺乏热情时，又怎能做出伟大的事呢？使学校的发展愿景清晰，唤醒团队的工作热情是你的首要任务。

二、由外到内，内化企业文化

有一家家装公司，叫作“尚层”，这家公司的企业文化值得我们教育人学习。一走进公司，你就能感觉到这是一家有文化、有灵魂的企业。在前台的背景墙上有一棵“树”展示企业概况：为全国7500 个家庭提供了装饰服务；在北京、上海、杭州等城市同期施工2800 个；别墅装修占有率第一；荣膺“中国别墅装饰领军企业”“北京市著名商标”；在全球有 150 个供应商、230 个品牌。

在走廊的通道上展示了企业的核心理念：企业使命、企业愿景、服务宣言、服务理念、五行价值观、道德规范等。除此之外，还有一面特别显眼的客户见证墙，上面贴满了该企业服务过的品质客户：蒋勤勤、张丰毅、胡军、田亮、叶一茜……

经过这番介绍之后，不仅让客户对企业的信任感加强了，更强化了员工内心的荣誉感。做企业永远是文化先行。首先要直观地展示学校文化，再由外到内，将文化内化到团队的每个人心中。

领导最大的价值，就是让团队的员工找到工作的价值。在工作中，往往员工拼的不是智力，也不是能力，而是心力。当他心力不定的时候，你要及时成为他的心灵导师。通过大会、小会、一对一会议、各种体验活动、教研活动等，给员工不断增加能量！

希望通过幸福化三感团队打造法——价值感，让你拉响警报，积极采取措施，避免走入企业发展的瓶颈期。

第二十五章

幸福化三感团队打造法——体验感

大多数女孩子都喜欢购物，喜欢购物的原因，并不是她们缺这一件衣服，而是购物的过程让她感觉很好。在购物前，你憧憬着新衣服穿在身上的感觉；在购物的过程中，店员帮你搭配；当你看着镜子里的自己时，感觉整个世界都美好了；试穿结束，就在你刷卡的那一刻，你并没有痛感，而是拥有幸福感。因为整个购物的过程都让你感到愉快，所以你爱上了购物。

同样，在我们的管理过程中，你在布置工作和检查工作时是否让你的伙伴感到愉快，你又给了你的伙伴多少愉快的体验呢？如何让你的伙伴在团队中获得愉快的体验，让他们自愿找方法完成工作目标呢？我给你分享三个方法。

一、让员工欣然接受你布置的工作

在 6 月的续班工作中，很多管理者通常会给大家开集体会议：我们这次的续班率目标是 90%，达到目标后你们可以拿到奖金 500 元，少一个罚款 50 元。希望大家都能全力做好续班工作！

各位校长，你是否也这样布置工作呢？你这样布置了工作后，员工往往怨声载道，甚至是集体抗议。原因是，你的工作布置是提要求，谁被要求都会不舒服！你给大家带来压力和负担，大家担心完不成工作。即使不要奖金，他也不愿意被罚款。

其实，在布置工作的时候，我们应该跟核心老师一对一地面谈。先谈这学期的班级情况，拿出实际的依据认可他这学期的工作。再告诉他，马上要续班了，你来评估一下你这学期的续班率情况如何。逐步引导老师自己定出目标，在沟通的过程中，引导他制定续班目标。

我通常在引导的过程中，会拿出去年同期的数据和今年其他几期的数据，来引导老师大胆制定目标。甚至当目标制定之后，我还会根据情况给他适当降一降目标。最后，他们会愉快地达成续班目标。这样的目标，不是你制定的，是老师给自己制定的。

二、及时反馈，享受成功

有一本书，书名叫《游戏领导力》，讲的是在工作的过程中，我们能拥有像玩游戏一样的体验。你登录游戏后有积分，闯关成功有金币和武器，整个过程的每一步都会让你有体验感，不知不觉地把时间消耗掉了。

我们要学习游戏体验中的及时反馈，让员工拥有成功感！在达成目标的过程中，你每周要根据各班情况及时反馈。当老师达成本周目标时，你要及时表扬、及时奖励，鼓励他给大家分享他的经验，让他在分享的过程中感受到成功的喜悦感。当老师超额完成本周的目标时，你要给他制造惊喜，开简单的庆祝派对，让他受到关注，下周他会更加努力。

三、调动资源，助其完成目标

当然也会有老师离制定的目标还有差距的情况，这时该怎么办？你需要立即建立“特种兵”小组，组织核心骨干帮助这位老师逐一分析原因，让教学部主任、教务部老师甚至是校长（你自己）亲自出马，助其拿到结果。以此让他们更有目标意识，也让这位老师感受到你和这么多伙伴都在努力帮助他，他又怎么好意思辜负大家呢?

有员工才有未来，希望你能管理好你的团队，助力学校实现绩效目标!

团队激励篇

第二十六章

掌握激励的核心原则，让学校的绩效增加

各位校长，你有没有思考过，在学校资源有限的情况下，如何让人力资产发挥出最大的价值，使其产生出高绩效呢？

管理者是一个企业的增产器！

哈佛大学的威廉·詹姆斯教授的一项研究报告指出：员工在常规工作中仅能发挥出 20%～30%的能力。如果员工能得到充分的激励，就可以发挥出 80%～90%的能力。这两种情况截然不同，其原因是后者采用了有效激励。

组织行为学中有一个著名的公式：绩效=能力×激励。两个能力相同的人，绩效的高低取决于管理者的激励水平。那么，作为一个管理者，如何在自己的学校正确地导入激励机制，让学校的绩效实

现增长？你需要掌握以下激励的四大核心原则。

一、因人而异

激励的第一原则是因人而异。

你要根据不同的员工，采取不同的激励方式。对于享受生活、爱吃爱玩且时尚的员工，你可以选择吃喝玩乐等方式奖励他们，比如，烧烤、火锅、KTV、旅游、智能音箱、无线耳机等；对于有上进心，对自我有要求、热爱学习的员工，你可以选择奖励他们书籍、电子阅读器、付费的线上课程、培训机会等，满足他们上进的欲望；对比较看重家庭，把家人放在第一位的员工，你可以奖励他们假期、奖金或者为他的家人选择奖励等。

总之，要根据员工的喜好进行激励，让被激励者心动、充满动力的激励，才能达到激励效果。

二、因事而异

除了因人而异，还要因事而异。在激励过程中，管理者要进行评估，根据工作的重要性来确定激励的方式。该节约的时候要节约，该舍得的时候一定要舍得，对不同工作要有不同的激励标准。如果是常规的日常激励，你可以采取精神激励或趣味性强、体验性强、但花钱少的激励方式，营造氛围即可。但对于有挑战性的工作、开创性的工作，以及直接关系到学校经营目标和绩效的工作，比如招生、续班、学校的新项目启动等，这时你要考虑的不是省钱，而是花钱。把事情做成功，再谋取长期利益。

所以，对于学校的重要工作，要舍得激励，以达到学校的经营目标。

三、公平公正

管理者切不可借激励之名，公私不分，导致大部分员工失望，他们会不再相信你的激励。既然管理者要使用激励策略，那就必须同时颁布相应的激励规则和范围，确保团队的每个人都了解激励的标准。

激励工具是用来激励团队中的大部分人的，只有大部分人因你颁布的激励方案而行动起来，才能达到激励的效果。

四、设定合理的激励目标

很多管理者不太会使用激励工具，我曾经有一个超级具有主人公精神、为企业省钱的管理者。只要是他颁布的激励方案，几乎没有人可以拿到奖励。如果你设置的激励方案长期无人拿到奖励，那一定是不合理的。

你的激励设置至少要保证 30%的人是可以拿到的，而不是设置一个团队永远也达不到的目标。还有的管理者，在员工长期不能完成工作目标的情况下，设置高额的奖励，如在一个月内招生人数达到 100 人，奖励 10 万元。激励是解决动力的问题，不是解决能力的问题。

如果你的员工长期达不到目标，你要考虑你的目标设置是否合理。你应该提升员工的能力，而不是滥用激励原则！

激励的四大原则：因人而异、因事而异、公平公正、设定合理的激励目标。只有正确导入激励工具，才能使学校的绩效增加！

第二十七章
把握激励的二八定律就直接把握了业绩

二八定律是一个放之四海而皆准的管理法则，打蛇打七寸，管理抓关键。激励不仅仅针对关键事件，还要把握学校的关键人物。只要你把握了学校关键人物的激励，就等于你直接把握了学校的业绩！所以，你要让员工透过你的激励工具看到你对他的用心和关注，让他感受到他在团队、在你心里很重要！

一、基层管理者的激励

对于基层管理者的激励，激励目标不是单独设置为他个人，而是设置他的整个团队的总目标。当他的团队超额完成你设置的目标后，他就可以拿到奖励。对于他们的激励，给少了显得小气，给多了又超出你的标准，该怎么办？

对于基层管理者的激励，我不会选择现金激励，而是采用消费激励。比如，海鲜自助大餐，位于49层的华尔道夫全日餐厅晚宴。你可别忘了，我设置的奖励从来都不是为了达到目标而设置的！达到目标是你的职责，我奖励的是超额完成目标的团队！你的团队超额完成目标30单，就可以得到我的奖励。从成本核算来看，再增加一单就已经冲抵成本了。

为什么我要这样对基层管理者设置奖励呢？基层管理岗的员工，他们的能力是团队中拔尖的，但是格局还不够。他有了目标，业绩就自然不用再担忧！所以，聪明的管理者在设置奖励时还要注重管理效果。对于基层管理者的奖励，不用现金激励，要用消费激励！

二、中高层管理者的激励

对于中高层管理者，你不用给他特意设置物质激励，因为这个激励对他来说不重要。他为了价值和使命而工作，为了团队而工作，为了感激你的知遇之恩而工作！所以，对于中高层管理者的激励，你要肯定他的成绩，看到他的付出，真心实意地帮助他，通过激励让你们的关系更近，价值观更同频。

案例：

我的管理者需要在每天晚上10点数据出来之后才能发送当天的工作日志给我。我的一位经理偶尔忘记带电脑回家，用手机操作，有时表格不规范。我收到工作日志后，并没有批评她发送的工作日志不规范，而是帮她选择了一款非常小巧便捷的手机键盘，可以随身携带，通过蓝牙连接手机，就能达到与电脑相同的操作效果。

我选择了一个日常沟通工作的机会，沟通完工作，把键盘送给了她，轻描淡写地说：用手机操作不方便，用手机键盘更好操作。她没想到今天会意外地收到礼物，当时这位经理既愧疚又感恩，愧疚的是自己不应该这么对待工作，感恩的是我对于她工作的包容及对她的关注。通过这次小激励，她懂得了如何对待她的下属，她的工作更加细致了。

对于高层管理者，你的激励不仅仅是简单的物质激励，而是在日常相处中发现他工作中的困难，及时帮助他解决困难。你不用送他贵重的物品，但是你送的礼物，一定是他现在正需要的。你的激励效果取决于你对你的直接下属的关注度和细心程度。因为你的用心，他又怎么好意思辜负你呢？对于你的直接下属的激励，你不需要公之于众，只要你们两个人知道就可以了。所以对于中高层管理者的激励，你要做的是提供一场“及时雨”。

所以，针对基层管理者和中高层管理者有不同的激励方法。对于基层管理者，不用现金激励，要用奖消费激励！对于中高层管理者，你要提供一场“及时雨”。把握关键人物的激励，就把握了业绩。

第二十八章
如何把握关键期的激励，超越目标

管理者需要把握好关键期的激励，激励不仅是为了达到目标，更是为了超越目标。在我的团队，主管、经理都是以极高的标准严格要求自己的，他们都认为制定的目标完成了不算厉害，必须超越目标才行，甚至要超越 30%以上才骄傲。为什么我的团队都能如此自律，让我比较省心呢？只要你把握好关键期的激励，也能让你的团队月月都能超越目标。把握关键期的激励有以下三个方法。

一、周末前大激励

在管理过程中，我发现只要一到周五，业绩指定下滑，开始出现周末前的松懈期。周五是一周中业绩最差的一天，接着在周六、周日业绩都不会太好。每周只有四天的工作日，你怎么能完成你的目标呢？所以，每到周五，我都会设置特别奖励，确保周末前依然能保持前四天的出单状态，甚至业绩更好！

我通常会在周五给整个团队设定一个比周一到周四的平均目标高20%的目标，只要达到这个目标，周末一天半的假期就变成两天的双休，也就是说集体增加半天的假期。他们为了这个双休的奖励，周五这天就得拼命地出业绩，这样一来，就能有效规避周五的松懈期了。

二、节假日激励

每年的数据显示，但凡节假日期间，业绩就会下滑。团队处于放养状态，甚至主管、经理都认为节假日就应该放下工作，好好休息。

翻开日历，你会发现几乎每个月都有一个小长假，该怎么办？除去假期和周末，工作时间大大减少，这怎么能保证一个月的业绩超额完成？作为校长的你应该听说过：学霸不可怕，就怕学霸放暑假！没错，公司会按照法定节假日让你休假，但作为市场部的一名管理者，你敢让你的团队放假就完全抛开工作吗？作为一名销售人员，你要想超越别人，拿更高的业绩，假期是你最佳的赶超别人的时期！

所以，各位校长，你是否在节假日期间依然会收到朗培的员工发给你的邀约信息呢？我们必须牢记前车之鉴，严肃对待节假日！你的职责是让自律的人对自己提出更高的要求，让不自律的人休假也不得安宁。但凡节假日期间，我都会单独设置节假日目标，加大节假日激励，至少要双倍激励，让努力工作的员工更有动力！

通过节假日双倍激励的设置，在节假日期间有效地调动了主管、经理及部分自律的员工，保证了基本单量，不至于一个假期回来，数据太惨淡。你只有通过激励调动团队的潜能后，才可以安心过你的假期。

三、月结日激励

除了周末前大激励、节假日激励，每个月 25 日是朗培月结日，那一天，我更是会变着花样地把激励用到极致，促进大家不断攀登一个又一个高峰。除了加大物质激励，我还会给员工准备一份特别的激励。

比如，我会给市场部每个员工准备一杯奶茶，在每一杯奶茶杯上贴上便利贴，亲自写上不一样的寄语。

比如，迎娶“白富美”，走上人生巅峰路！还有一个月过年，你拿什么回家过年？等等。

让拿到奶茶的员工，继续默默地努力。就是因为这样的激励，才有了朗培每个月 25 日的晚上，在公司没有要求的情况下，各业务部门集体加班到 23 点。管理者根本就没有要求员工去加班，你只是通过激励策略有效地调动了他们的内驱力，这样，努力就成了团队的一种习惯。

因为团队集体加班，我担心他们太晚回家不安全，特地把月结日的截止时间提前一小时，22 点之后的业绩全部计入下个月。调整之后，员工才愿意在结束 PK 之后回家。

最好的管理是员工自觉，这是日本社会学家横山宁夫提出的横山法则。希望你把握好关键期的激励，打造一支自我管理的团队！

把握关键期激励的三个方法：周末前大激励、节假日激励、月结日激励。你可以举一反三，找出你学校的每一个关键期，激发你的团队 50%以上的潜能，使其为学校创造更大的价值！

第二十九章

你给他面子，他给你金子

不乏有很多校长经常花钱，买进口水果、带员工吃大餐。你的员工在接受你的馈赠的同时，在工作中依然没有改观。你纳闷了，自己付出了那么多，为什么他还是不懂得感恩呢？想要让员工具有主动意识，把工作当作事业做，发挥出最大的潜能，那就要激发员工的内驱力。要激发员工的内驱力，就要了解员工的需求，并不是所有的员工都喜欢物质激励。如何投其所好，通过荣誉激励激发你团队的潜能呢？荣誉激励有一个工具和两个方法。

荣誉激励的一个工具：

要让你的激励发挥最大的效果和价值，了解员工的需求最重要，你的员工想要什么，你就给他什么！给你分享一个在日常工作中我非常喜欢用的工具——喜好调查表。在我的团队，当每一位员工签订入职合同时，他都会同时填写一份喜好调查表。有了这份喜好调查表，你就有了一份正确解读这位员工的使用手册。在你想要使用激励策略时，就能投其所好。在员工取得成绩时、遇到挫折时，你都能以员工喜欢的方式安慰和鼓励他。我要求我的管理者一定要记住他直级下属的喜好调查表中的这几项重要内容：他的爱好、喜欢和不喜欢吃的食物、喜欢得到什么样的赞美、最喜欢给亲人的礼物等。

喜好调查表便于你更深入地了解你的员工，从而更好地发挥激励效果。

接下来是荣誉激励的两个方法：

方法一：记住他的重要日子。

在生活中，我们会发现，即便你的爱人平时工作很忙，但只要是重要的日子，比如你的生日、你父母的生日、结婚纪念日等，他都记得，并且会准备礼物。

在工作中，同样如此。所以，我会特意记住我团队核心员工的生日，并且会在这一天给他们意外的惊喜，让他们有一个难忘的生日。

比如，我会提前收集过生日的员工的照片，给他制作一个他加入团队后日常工作中的 PPT；邀请团队的员工一起给他录制一个小视频；邀请每个员工写一句自己对他的看法和祝福等。给他过一个不花钱但具有仪式感的生日，让他能够收获感动和幸福。

方法二：让他身边的人认可他。

在团队中，有一些员工特别在意家人、朋友、爱人的看法。如果你能够在他家人面前给足他面子，他必誓死追随你，回报给你高业绩。在我的团队，就有一位这样的员工，他既是一位经理也是我的徒弟。他在 2018 年国庆节期间结婚，邀请我做证婚人。婚宴有 30 桌客人，男女双方的家人、重要客人都会出席。我冥思苦想了好久，在这个重要场合我要如何通过这个婚礼，在他的家人、朋友面前给足他面子呢？

那天，我特意打扮了一番，跟主持人提前商量多借了三分钟时间，把陈词滥调的证婚词修改成了一段祝福词。我首先代表集团对这位经理两年来的努力、成长及两次晋升表示肯定，表达公司对于他的期望，这是给他的父母长脸。我还对他婚后的生活表示祝福，他将承担家庭的重担、尽到赡养父母的义务、照顾妻子的责任，这是让他在他的爱人和爱人的父母面前有面子。在婚宴的过程中，我特地给他的父母敬酒，代表公司感谢他们培养了优秀的儿子，邀请他们参加公司的年会。父母最骄傲的是看到孩子的成就，而孩子最骄傲的是有能力让父母生活幸福！

在这次婚礼上，我把他想要的面子给足了，所有的亲人都看到了领导对他的认可和关怀。在婚礼后，他更加积极主动地工作了，2018 年他团队的业绩为整个部门的第一！他在意什么，你就给他什么！激励不仅针对员工本人，还可以针对员工身边的人！

荣誉激励的一个工具是喜好调查表，两个方法是记住他的重要日子、让他身边的人认可他。根据员工的需求，投其所好，适合他的激励方法才是最好的激励方法。

第三十章

选择让人心动的奖品，技巧是什么

2018 年我在一家辽宁的学校做落地指导，这位校长是一位非常大方的校长。他经常请员工吃饭，节假日他送的福利特别好，员工过生日都有 188 元的红包，甚至员工的孩子、爱人、父母过生日都有红包收。这么“土豪”的校长，作为他的员工是不是非常幸福呢？

结果却不是，员工并没有因此而兴奋和感激。对于校长的好意，员工认为理所应当，给了福利他们不感激，不给他们还不高兴。

我们很多的管理者在做激励时，钱花了，却没有达到激励的效果。激励不仅仅是花钱，还要花心思！奖品的选择是需要技巧的，同样的一笔激励费用，我们如何能花出价值，花出兴奋感呢？奖品的设置也是有技巧的，想要在激励中少花钱，让员工心动，我给你分享三个技巧。

一、选择人人都心动的奖品

做管理得先懂点心理学。我的团队女孩比较多，大多数女孩都怀揣着一个公主梦，对可爱的毛绒玩具天生没有免疫力，甚至很多女孩喜欢晚上抱着毛绒玩具睡觉。结合女孩的喜好，我选择的毛绒玩具一定是当下电影、电视剧中最流行的，如果近期找不着流行的毛绒玩具，那就选个最大的。

2018 年我给团队做激励时，选了 5 只跟人一样高（1.2～1.5 米）的大熊，在早会上找了 5 个气质好的女孩把大熊抱到现场展示。当奖品展示出来时，现场热血沸腾，每个女孩都想把大熊抢回家，每个男孩都想抢回去送给自己的女朋友。一只大熊，单价不到 180 元，价值却远远大于 188 元的红包。

所以，一定要选择那些让人看一眼就忘不了的奖品。比如，选择迪奥、兰蔻等大牌的口红，每个爱美的女孩都会因香水和口红而心动，口红的单价比香水低多了。因为是大品牌，一听名字就给人尊贵感、奢侈感，你说这样的奖品会不会让你的团队兴奋到尖叫呢？

二、选择恰如其分的礼物

我们可以根据时间、季节选择员工打算购买的一些东西。比如这个月有情人节，你可以选择巧克力、鲜花等；比如长假来临前，有的员工会外出旅游，你可以选择行李箱、防晒霜、自拍杆、充电宝等；比如过年前，你可以选择围巾、手套、袜子、保温杯，以及过年送给员工父母的电动洗脚盆、按摩椅等。

根据不同的时间节点，选择员工需要的奖品。大家最想要的，你已经帮他考虑到了。根据时间、季节来设置奖品，让激励的效果最大化。

三、赋予奖品意义

奖品不在于价格，而在于价值！所以，我们要选择一些价格不高，但是价值很高的奖品。

比如，你可以亲手煲一份汤，亲手为员工做一份糖醋排骨。并且同步播放你的整个操作流程，把买菜、洗菜到做菜的每一道工序，录制成视频在你们的群里及时发送，让得到你奖励的员工充满骄傲和幸福。让他们觉得这可是我的校长亲自给我做的糖醋排骨，这是我吃到的最好吃的排骨。同时刺激那些没有得到奖励的员工下一次要更加努力。

比如，我有时也会选择饼干、方便面等小零食，但我一定会选择一款有故事背景的饼干，如白色恋人饼干，再把这段凄美的爱情故事讲述给他们，唤起他们对这款饼干的憧憬，让你的这一款饼干和别的饼干不一样。就算是选择方便面，我也会选择全世界排名前十的方便面，你很难在市面上看到这款方便面。所以，你选择的礼物，一定要可以激发员工的好奇感。带领年轻的团队，需要你比他们还会玩，还时尚。

选择让人心动的奖品的三个技巧：选择人人都心动的奖品、选择恰如其分的礼物、赋予奖品意义，这样能让员工幸福感爆棚！

第三十一章

怎样才能叫醒一个装睡的人

这个题目是不是特别有意思？我相信，在每一个团队里，或多或少都有那么一小撮人，跟你的团队氛围、文化气质和特质不那么符合。比如你在做激励的时候，其他人都热血沸腾，他会觉得自己能否得到都没有关系，是一个不愿意被激励的人，这类人往往最难管理。

所以在这个问题背后其实是关于激励的问题。那么我们来想一想，这群人真的对于你的任何激励都无感吗？他无感的原因是什么呢？他没有感觉，是因为你没有契合他的需求。因为每个人都有不一样的需求，有的人可能你激励他一下，他就能充满活力。而有的人，如果你没有契合他的需求，那么他对于你的这项激励就是可要可不要，也就是说，你可能在管理中会遇到问题。提到激励，我相信各位校长能想到的和能做到的太多，对于每一个管理者来说，谁都会做激励。

我希望能够从另一个视角跟你一起谈一谈激励。提到激励，我一定要给你分享一下这个非常古老的模型——马斯洛需求原理，如图 31-1 所示。

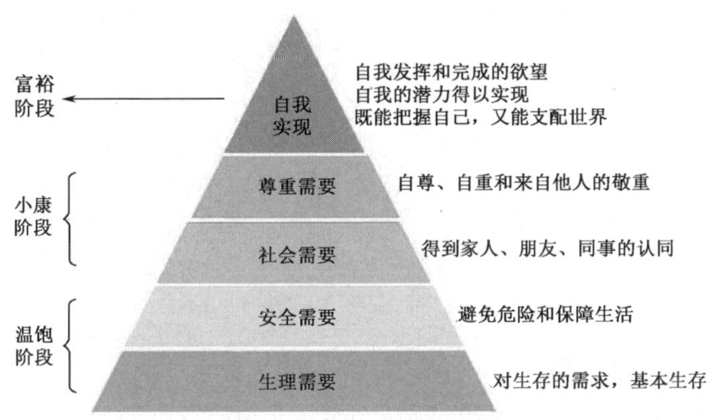

图 31-1　马斯洛需求原理

我相信大家都已经非常熟悉了，从最低层的生理需求到最高层的自我实现，我给大家分成三个阶段，前两层是温饱阶段，中间两层是小康阶段，而最高层是富裕阶段。当我们分成这三个阶段之后，你再把你的团队进行匹配和划分，看看他们分别属于哪一个阶段。

温饱阶段：通常在你的团队里有这么一群人，他们工作时间不太长，收入不算高，钱总是不够用，经常会刷信用卡，月底愁交房租。因为他们没有能力给自己太多的安全感，那么这个时候，他们的需求就是每个月赚的钱够自己花就可以了。对于这一类型的人，你就要采取物质激励，并且还要以实用为主，最好选择他能够用得上的东西，这样能够解决他眼前的一些困难。比如，你可以拿一些日常的生活用品做激励，你可以送他们公交卡、电话卡、储值卡、购物券、纸巾等，我们要给他们实惠的东西。

小康阶段：处于这个阶段的人一般是在公司工作三年以上了，在公司里面职位不错。如果他在技术岗，他有可能就是明星老师了，或许有的人已经是中层和基层的管理者了，还有些人已经成家立业、买车买房了。所以，他的生活压力并不算大，这时他已经对物质的渴求度不那么高了。那么你要采取的激励方式就是物质为辅，精神为主，比如，自由权激励、尊重激励、荣誉激励、包容激励、信任激励、认同激励等，这些都属于精神激励。对于这类人群，你的激励方式要让他有感觉，有感觉的激励才是最好的激励。比如你要给他采取物质激励，那么你可以选择一些趣味性的奖励，如鲜花、书籍、有特色的小饰品。对于这类人，你给他一桶油没有你给他一束鲜花或一张电影票有价值。

举例：

自由权激励：因为他们已经成家立业了，对亲情、友情、爱情会比较看重一些，对家庭会更关注，所以在精神激励上，你可以给他一定的自由时间和空间，比如给他带薪假期。

尊重激励：在称呼上，可以把“你”换成“您”，因为他们需要在团队里得到更多的尊重，尤其是“您”的尊重，让他感觉你们是平等的，他在你的心里是很重要的。除此之外，还可以保持频繁的沟通。即便是你已经决定好的事情，你也要跟他保持沟通，尽可能让他给出你想要的答案，至少是引导他得出你想要的答案，或者直接告诉他答案，让他觉得领导是非常尊重他和在意他的。

荣誉激励：如果老师在你的团队里表现非常优秀，或者你觉得他值得培养，你可以给他安排一个职位，即便这个职位没有实际的权力，你也可以给他一个头衔。邀请他参加学校的重要会议，给他做好职业发展规划，以及给予他更多参与学习和培训的机会。

包容激励：如果老师在工作的时候，没有达到理想的结果和目标，你要对他进行评估，如他的价值观和文化是否与学校匹配？他是不是愿意长期和学校一起走下去的那个人？如果你的答案是肯定的，这个时候其实你去批评他就没有太大的意义，因为批评指向过去的错误，而这个时候你要去安慰他，告诉他没有关系，有的路是为以后的路做铺垫，只要他尽力做好。给他时间去等待他成长，我相信当他接收到这样的信号的时候，在他的内心会对你有一份愧疚。这份愧疚越深，他对你的忠诚感就会越强。

富裕阶段：这一部分人工作的时间为五年以上，已经是团队的核心骨干了，在学校里他的职位比较高，收入也很可观，他自己有着超强的目标意识，把工作放在非常重要的位置。而这个时候他来工作，一定是为了实现自我价值，只要在工作上让他有成就感就可以了。所以针对这部分人，他的工作是为了实现自我价值，对于他来说，要以体现价值感作为主要的激励方式，如图 31-2 所示。

精神激励	举例
自由权激励	有一定时间、空间自由：迟到卡，带薪假，便装日
尊重激励	称呼：您；勤沟通：即使是你决定的事情，也要跟他多沟通
荣誉激励	让他参加学校重要会议、为他做好职业规划、给予他学习机会
包容激励	没有达到目标：不批评，等待他成长

图 31-2 精神激励为主

信任激励：对于这类人，你给他制定一个目标，不用过多地提要求，他就可以达到这个目标，所以对于这类人，你就要去信任他，依赖他，相信他，授权给他。比如，对于你团队的核心骨干，你可以告诉他：目前，团队需要你挺身而出，为团队塑造榜样。当他被赋予这样的使命的时候，他就会觉得工作是非常有动力、有价值的。

认同激励：这时，他对待遇和职位没有那么高的要求，所以你需要用更好的待遇、更高的职位来激励他。因为待遇和职位可以证明他在团队当中是被需要的，其实他要的就是价值感而已。

第一个阶段是温饱阶段，第二个阶段是小康阶段，第三个阶段是富裕阶段，不同阶段的人有不同的需求，如图 31-3 所示。员工有需求了，管理者就要保证员工的需求，并且把它变成你更好的管理手段和工具，让它为学校创造更大的价值。希望你可以把你的员工匹配到每一个层级里面，根据员工的需求选用适合他们的激励方法。

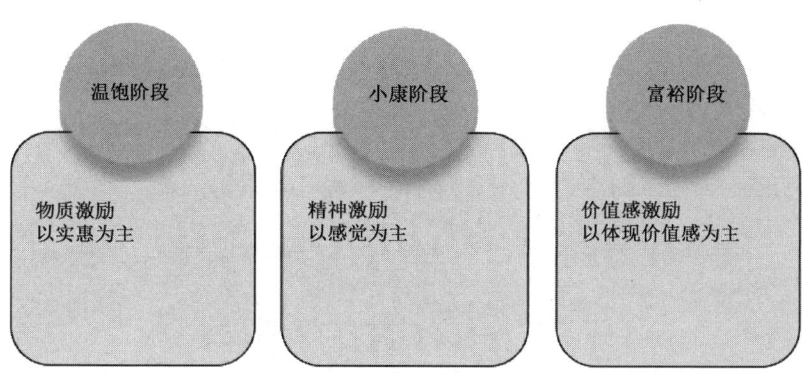

图 31-3　根据需求做激励

管理修炼篇

第三十二章

如何消除阻力，更好地下达命令

通常有这样一些校长，他们在听课的时候，笔记本记了满满的一本，笔芯也用完了两根，记笔记时恨不得把 PPT 上的每一句话都写下来。他们的执行力是最强的，甚至在返校的途中就已经开始在工作群里安排工作了：各位老师，明天开展全员 PK，大家各自准备 100 元现金。当他的信息发出去之后，石沉大海，没有一个人回复，甚至在晚上有两位老师说自己家里有事，第 2 天要请假。请假是他给你面子，他其实是不想参加你的 PK。你的员工可能在背地里想：校长想起一出是一出，莫名其妙。

我不得不说这位校长很勤奋，执行力也很强，但是少了一些思考。从知道到做到，中间有一座大山，那就是思考到、想到和转化。

如何把你学到的通过你的转化变成行动呢？你在工作群里发送一条信息，仅仅告知你的工作安排未免太草率了，这样肯定不行，为什么？你听过课，可是你的员工没有听过课，所以我建议你带着你的员工一起来听课，因为员工和你的思考不在同一个层面，你需要给他一把梯子，让他一个台阶一个台阶地走到你的思考层面。所以你要以员工能听懂的思维去安排工作，比如，你要把我的树苗移植到你的花园里，你也需要培育土壤。所以安排任何一项工作也需要培育土壤，选择合适的气候。

所以各位校长，落地很重要，怎么落地更重要。让你的团队认可你的目标、接受你的安排，比你怎么安排工作更重要。那么在下达命令前，我们要怎么做才能破解阻力呢？

我给大家分享两个建议。

第一个建议，还是以这位校长为例，这位校长在学习完 PK 文化之后，准备在学校的续费工作中导入 PK 文化。要怎么做呢？首先，与管理层事前达成一致，要在导入 PK 文化之前和你的管理层达成一致，把你的目标变成你们的目标。不管你在哪个城市学习，你都要先从你学习的那个城市给你的管理层准备一份小礼物，是什么礼物不重要，礼物值多少钱也不重要，你的心意最重要。然后，在回到校区之后安排一次有目的的聚餐，在吃饭的过程中营造一个轻松愉快的氛围。大家有说有笑，畅所欲言，而你要找到一个合适的机会，从浅沟通逐步进入到深沟通，比如先与他们聊一聊这几天学校的情况如何。要感谢在座的管理层对学校的付出，他们让工作进行得如此顺利。你可以再问问他们的续费工作准备得如何，有没有什么困难，有哪些地方需要你提供支持。记住这两句话非常重要：有没有什么困难？有哪些地方需要我提供支持？因为你要提前收集更多的信息去预判续费是否有难度，去评估导入 PK 文化的可能性。所以这两个问题你一定要问，他们有困难你就提供支持，他们需要资源你就匹配资源，让你的管理层首先相信这个续费目标 100%能够达成。这时，你就找准机会顺势挑起“战斗”，你可以对美术组的管理者说：“团队行不行，还要看领导，我一看你这个状态就知道你们的续费肯定没问题，我很欣赏你，张老师！”说到这里，舞蹈组的管理者不自在了，他说：“我们组的王老师续费率从来没有低于 95%，并且在上周我们已经就续费进行了好几次讨论。”非常好，这就是你要的氛围和土壤。氛围需要去营造，土壤需要去培育，而此时此刻正是一个好机会。你可以说：“两位老师对我们的续费工作都抓得非常紧，你们都有信心，敢不敢一起来玩个游戏？敢不敢一起来 PK 一下，看一看到底谁是这次的续费冠军呢？你们两个团队不管谁拿第一，我出 3000 元奖励冠军团队。行不行？”这时，你的舞蹈组和美术组管理者都已经欢呼雀跃了。管理需要小套路，就像爱情一样，只要你给出足够的理由，你的另一半愿意被你“套路”。校长要营造氛围，创造机会，让你的员工心甘情愿地接受你的挑战。这时，你把你的两位管理者变成了你的人，他们主动接下了这场“战役”。在晚饭之后，他们必定会搞定自己团队里的人。你还可以再试探性地问一问：我们要做的是团队 PK 不是个人 PK，你们俩说了还不算，你们团队的员工有没有问题？舞蹈组的管理者首先发话了：放心，我们团队绝对没问题。你可以说："这样吧，你们回去之后再跟自己的团队沟通一下，如果没有问题，明天 14:00 准时 PK。每位老师各出 50 元，我再出 3000 元给冠军团队。"各位，你有没有发现，在一顿饭之后，你的目标就轻松地变成了你们的目标，你只管激发起管理者的战斗欲望，由他们去搞定自己的团队。这是我们要做的第一步，叫作与管理层事前达成一致。

以上一共四个步骤：

第一步：准备一份小礼物；

第二步：安排一次有目的的聚餐；

第三步：从浅沟通进入深沟通；

第四步：把你的目标变成你们的目标。

第二个建议是下达命令时讲清楚 Why（为什么要这么做），What（是什么），How（怎么达成）。很多管理者都说工作安排不下去，执行不下去。如果你能够很好地安排工作，那是因为你在会前已经做好了准备工作。在会前做好准备工作还不够，在会上，你还必须给你所有的员工都讲清楚 Why、What、How。很多管理者在安排工作的时候都不愿意多讲几句，通常会以告知的形式安排工作：各位老师今天我们开始续费了，请各位老师在这周日结束后把下个月的工作计划提交给我，今天请把你们的家校记录沟通本交上来。仅用一句话就安排了工作，这跟之前的那位在工作群安排工作的校长又有什么区别呢？你要知道，即便你的管理层已经与员工达成一致了，你依然要多讲几句。接下来我们分别看一看 Why、What 和 How 是什么。

Why：要讲清楚这个工作背后的价值和意义，比如，在 PK 之前，你在全员大会上可以先告诉大家为什么要做续费工作及续费对学校的意义和价值。你可以这么讲：这次出去听完课之后，我进行了反思。在国家政策的支持下，艺术教育和素质教育有光明的前景，这是值得我们欣喜的。我们有很多机遇，然而在未来的发展中，我们依然面临很多挑战，我们如何在挑战中突出自己的优势呢？我们必须以精细化的教学及精细化的服务对待家长和孩子，才能够在竞争中脱颖而出。所以我们只有更加细致、更加专业，家长和孩子才能更加信任我们。我们要对自己不断地提出更高的要求，使学校成为当地最好的艺术机构。你有没有发现，续费不再是续费，续费是精细化服务的开始，续费是实现目标的途径，续费是赢得竞争的机会。当你讲清楚价值和意义之后，你们才更容易达成一致，你的老师会更重视这份工作。

What：指这项工作的基本要求是什么。各位老师你认为续费是什么？续费是在最后一次课结束的时候给家长发一个续费通知单吗？续费是在最后一个月课程要结束的时候给孩子疯狂地补课，给家长疯狂地打电话吗？这绝对不是续费。续费是什么？续费是从第一节课就已经开始了。所以各位老师，我们从第一节课到第十六节课，在每一节课后都要跟家长沟通，要把握沟通的节奏。我相信每一位老师都会以教育人的初心及对孩子和家长负责任的态度去面对我们的工作，我更相信当我们做了这些工作之后，我们都能达到100%的续费率。团队需要明白你的具体要求是什么，团队上下达成一致，了解续费工作的准确要求和方向，最后，结果必然不会太差。

How：指如何完成这项工作。依然给大家举个例子。我不在学校的这几天特别开心，因为我看到了大家顺利地完成工作，大家都在积极准备续费方案，做得非常不错。我知道大家谁也不愿意服输，我们两位管理者提出要进行团队 PK，不知道你们准备好了没有，有没有信心拿冠军呢？既然大家如此有信心，那我绝对支持。为了表达我的诚意，你们各出 50 元，冠军团队可以拿到所有奖金，然后我再额外奖励冠军团队 3000 元。不仅如此，我还给冠军团队放 3 天假，你们可以拿着奖金好好享受你们的假期。并且在续费的过程中，你们如果有需要我提供帮助的，我可以邀请我们的专家给大家做续费讲座，帮助你们来续费。

当你讲完之后，你的团队一定都十分疯狂，相信你的团队会带着热情回到工作岗位上，给你一份满意的答卷。你有没有发现管理是一件非常好玩的事情呢？我们要了解人性，激发人心。人性需要被尊重、被信任、被认可。而人心是谁都不愿意服输，谁都有想拿第一的欲望。

校长想要破解阻力，有两个步骤。第一步，与管理层事前达成一致，第二步，讲清楚 Why、What、How。管理方法有千万种，管理思维要先行。

第三十三章

如何摆脱“下属闲死，自己忙死”的局面

如何摆脱“下属闲死，自己忙死”的局面？很多校长并不是管理学专业出身的，也没有管理的经验。你独立创立了学校，是因为你的业务能力强；因为你的业务能力强，家长才选择了你的学校。所以，会出现学校发展好几年了，很多校长自己依然在一线教课而且还是带满班的情况。这些课还是丢不掉的，因为只要你不上课，家长就会来退费。各位校长，我们一起来思考一下，你有大量的教学工作和服务工作，工作量已经很饱和了，你哪里有时间去思考学校的发展战略呢？我们是凡人，并不是超人。所以，管理并不等于教学，也不是因为你带的班多，你的管理能力就强。管理一定是一份全职工作，因为管理是要用时间去“泡”出来的。你每天第一个到校，最后一个离开学校，也不过是用战术上的勤奋去掩盖战略上

的懒惰而已。当然，如果你只想做一位好老师，上好课，不求发展，那就另当别论了。可是，既然你选择了创业，你就要明白，创业如逆水行舟，不进则退。所以，各位校长，如果我们的学校已经创立了三年至五年，却依然没有得到发展，那么我们就要思考了，是什么原因让我的学校没有得到发展呢？其实，原因很简单，就是因为你的能力太强。因为你的能力太强，你是学校的“天花板”，你没有给学校带来跨越式的发展，你学校的发展也就止步于此了。反而，那些会找人、会用人、懂授权的校长，才让自己的学校有了发展机会。所以，会找人、会用人、懂授权才是每一位校长管理进阶的必修课。我们为什么要去授权呢？授权对我们和我们的学校所具有的价值，如图 33-1 所示。

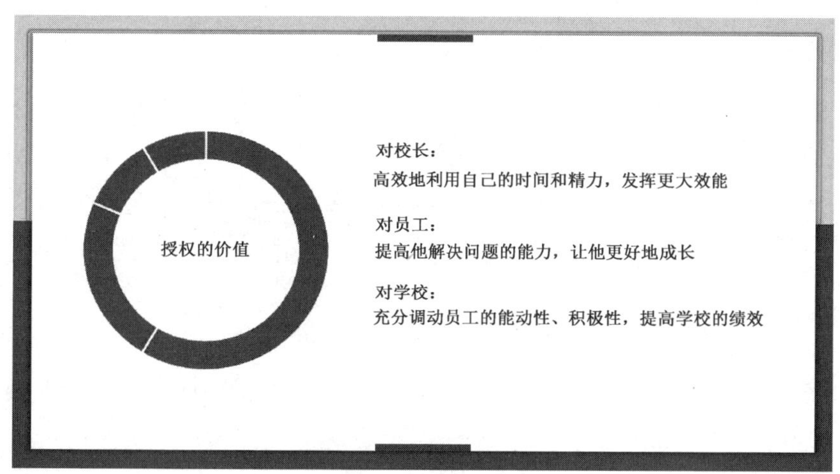

图 33-1　授权的价值

我们从三个角度来分析：对校长而言，对员工而言，对学校而言。首先，对校长你来说，你可以高效地利用自己的时间和精力，发挥更大效能。对员工来说，能够提高他解决问题的能力，让他更好地成长。对学校来说，你能够充分调动员工的能动性、积极性，提高学校的绩效。那么，如何有效地授权，聪明地“偷懒”，让下属能够忙起来、跑起来呢？我给你分享两个方法，让你的员工忙起来、快速成长起来。

方法一：善于做减法。

很多校长都知道，在朗培有一个蓝色的日志本，叫作高效执行力日志。那么，这个日志本有什么作用呢？我们的每一位员工都在使用这个日志本，每一天我们都要在这个日志本上写上第二天的工作计划及当天的工作总结。除此之外，它对我们的管理者而言还有一个更大的价值，那就是我们要列出第二天的工作清单。在列出第二天的工作清单之后，我会要求管理者根据清单逐项做减法，一条一条地去选择。哪些工作是必须由你来完成的？哪些工作是可以让你的下属去完成的？我们至少要做到两次以上的筛选，直到日志本上由你自己去处理的工作只剩下五项。

我们为什么要这么做呢？这里有一个词，介绍给大家，叫作管理盈余度。日志本上的工作是预料之中的工作，除此之外，我们还要处理突发事件。所以，我们要留出足够的盈余度，去处理突发事件。比如，你的家长上门跟你要求退费，你的合作伙伴跟你来谈合作，你的员工突然提出离职，这些都需要你花费大量的时间去处理。所以，当我们在日志本上一项一项地筛选工作的时候，很好地训练了我们的甄别能力。我给大家来算笔账，如果一个管理者的工资是10000元，一个普通员工的工资是3000元，管理者拿着10000元，用自己的时间做了只值 3000 元的事，那么，学校至少损失了 7000元。不仅如此，对于你的员工来说，你做了他的工作，让他没有了工作机会。所以，各位校长，我们要在日常的工作中，学会做减法，懂得授权，充分发挥团队的能动性，既能让自己抽身，又能很好地锻炼员工。

方法二：轮流给机会。

我给你分享一个案例。我对我的一位经理说，你提交一个团建流程给我，我们在月底要举行一次团建活动。第二天，这位经理把团建流程交给我了。他是怎么写的呢？我们来看一下。第一步，诵读企业文化；第二步，主持人开场；第三步，桔总讲话；第四步，团队建设活动；第五步，互动（小游戏）；第六步，加油打气。当我看完这个团建流程之后，非常生气。经理只给了我一个框架，是让我把内容补充上去吗？曾经，我可能把所有内容填充完之后拿给经理执行。可是，现在的我学会用技巧了。于是，我对我的经理说，这个流程做得非常不错，你全权负责整个活动安排，我只负责我的讲话部分，预计用30分钟，不用准备PPT，你帮我准备白板和白板笔就好。结果，这次活动很成功，也达到了团建目标。

其实，我们在日常的管理工作中，在面对你的员工时，我们要学会慢一步，等等他。让他去成长，给他时间，给他机会。其实，我很能理解，你并不是不愿意给他机会，而是你发现，他做比你做更痛苦。但是，那么做并不利于学校持续地发展。因为，员工的能力是在工作中提高的，如果这些事情你都替他干完了，他还干什么呢？所以，你的团队如果有懒人，那也是你养出来的。所以，各位校长，你要记住，只要你的员工能做到，你就放手，让他去做。他向你请示，无非有两个原因。第一个原因是，他害怕他做不好，得不到你的认可，会给学校带来损失。第二个原因是，表示他对你的尊重。所以，作为校长，你要去分辨，要分辨他什么时候向你请示是对你表示尊重，什么时候向你请示是表示他需要帮助。

让你的下属忙起来，他才能得到锻炼。我给你三个建议：第一，简单工作轮流做。第二，复杂工作切小块。第三，频繁地沟通。

第一，简单工作轮流做。你可以把你学校那些日常的、基础的、简单的工作分配给每个员工。比如，会议主持，节日活动策划，节目编排，招生活动策划，以及团队的培训等工作，都可以分配给他们去做。

第二，复杂工作切小块。我们拿教务板块来说，对于教务板块，你可以告诉员工，你来设计咨询流程，你来设计家长上门的咨询路线怎么走，你来设计咨询话术怎么写，你来提炼课程的亮点，你去搜集明星学员的反馈，你负责代理模拟演练，而我只负责考核和抽查。我们知道现在的员工不同于以往的员工，很难在自己的岗位上忍受默默无闻。我们说，承担越多，使命越大，价值感就越强。那么，对于你的员工来说，他的所有成长，都是从经历中习得的，你应该不断地给他机会去锻炼。我相信，很快你就可以做到从放手到放心。

第三，频繁地沟通。任正非在管理方法中，提到过以下三句话，砍掉高层的“手脚”，砍掉中层的“屁股”，砍掉基层的“脑袋”。其实，这三句话说的就是，校长要勤动嘴，少动手，沟通越频繁，结果就越可控。在管理者的时间中，其实大部分时间都用于沟通。我们要知道，放权不等于放任不管。放权的目的，是锻炼你的员工。但是，在这个过程中，员工想得到成长，你就必须给予他们及时的指导和充分的支持。尤其是当你的员工面临他从未挑战过的工作时，他需要你的帮助和支持。所以，作为校长的你，一定要保护好员工的积极性，因为，如果他失败了，他就再也不愿意去尝试了。所以，你的沟通、辅导、督查就极其重要。那么，当我们授权之后，如何做好沟通呢？在授权前我们一定要充分信任员工，确定目标，双方达成一致。在执行过程中，我们要及时了解、给予反馈。在完成整个工作之后，我们不要与下属抢功劳，所有的荣誉、所有的功劳，都是他的。所以，各位亲爱的校长，默契并不是与生而来的，沟通得越频繁，你们的默契度就越高。因为，每一次沟通都是一次价值观的传递，都是你管理思维的推广。所以，你会发现，管理会越管越轻松，到后面，你只需定好目标，讲明规则就可以了。至于该怎么干，那就是你的员工应该思考的事情了。

最后，我依然要给大家提几个小建议。第一，授权不等于弃权。在授权之后，你要适当地提供帮助，确保他达成目标。第二，授权等于相信。既然授权了，你就不要干预他，给他机会，让他去锻炼、去成长。第三，授权不是只让他负责任，不给他权力。所以，你既要让他负责，还要授权。作为管理者的你要知道，我们为什么要招聘员工。因为，他的时间可以帮我们产生更高的价值，而你的时间一定要花在对学校的发展最有意义的事情上。你只有逐步从小事当中解放出来，你才有更多的时间，去思考学校未来的发展方向。授权的三个注意事项如图 33-2 所示。

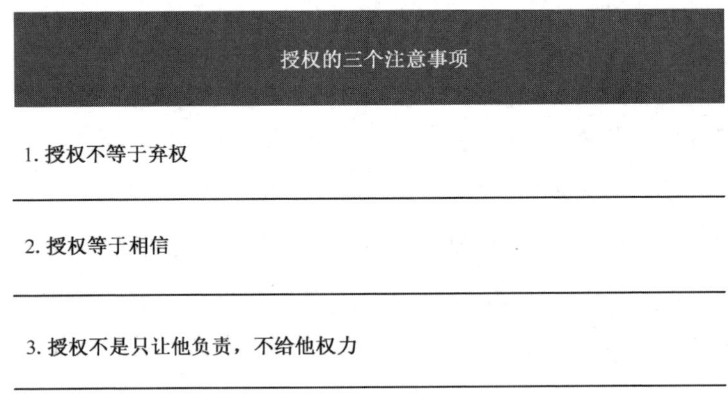

图 33-2　授权的三个注意事项

希望上面的分享，可以给大家带来一些启发。期待你和我一起精进，越来越好，也希望你把学到的内容分享给你身边的校长朋友们，让我们共同成长。

第三十四章 如何化解负能量组织

一、负能量类型分析

各位校长，在你的校区是否出现过以下情况：员工爱抱怨、态度消极、遇事多疑。

你的团队中是否有个别老师在你面前表现很好，可是在私下里却喜欢抱怨？在你面前，他会说，学校战略好、发展好、老板人也好。可是当你告诉他学校要发展，要大力引进人才，让他推荐同学来这里时，当着你的面他会说："好，我下去联系联系。"可在私下里他会说："学校的工资太少，我的同学才不会来呢。"

另一种情况是，你给他布置工作任务，他说自己完成不了；你要颁布政策的时候，他说政策本身就是有问题的；当你拿着家长对他评价不佳的评分表跟他沟通的时候，他不认可家长的说法，他认为自己的教学是没有问题的。在你的团队中，有没有出现上述情况呢？如果出现以上这样的情况，那么你就要警惕了，因为你的学校中有一种负能量，而负能量的扩散能力很强，会让整个团队受到极大的负面影响。

负能量有两种类型，第一种类型是负能量体质。这类人性格特质中带有负能量，对于任何事情他都习惯性地只看到不好的一面，看不到好的一面，难于控制住自己。第二种类型是，他以前是正能量的人，突然变为负能量的人。针对不同的类型，我们有不同的应对方法。

我给大家分享一个管理学中的定律，叫作“酒与污水定律”。

如果你把一勺酒倒进一桶污水里，最后你得到的是一桶污水。而如果你把一勺污水倒进一桶酒里，最后你得到的依然是一桶污水。所以，水和酒的比例并不能决定这桶液体的质量，而起着决定性作用的是这一勺污水，这就是俗话说的“一粒老鼠屎坏了一锅粥”。

我们应该用什么方法处理呢？当你发现你的团队存在这样的“污水”的时候，你需要当机立断，给你的团队装一个“净水器”，过滤掉污水，因为他和你的学校没有共同目标。如果临时出现负能量组织，一定是你的某项举措触犯到他的利益了，他想通过负能量组织传递他的不满，所以当你把这件事情解决后，这个负能量组织就会瓦解。负能量体质的人用他的行为表达不满，用其他老师和舆论替他传递不满，这类老师是极其聪明的，他知道用群众的力量去要挟你。

二、三步助你化解负能量组织

类似的情况如何处理呢？你要怎样去解决他的不满呢？我给大家分享一个方法。首先，你要找出这个负能量组织的核心，准确地找到他之后，你要了解他的需求是什么。了解他的需求之后问题就很好解决了，你需要去做心理辅导，可能这件事情就会解决了。这是第 1 类情况，比较容易处理，最难处理的是长期存在的负能量组织。我相信很多校长都遇到过这样的情况；你学校的某位老师或某位管理者，有很多地方让你觉得不对劲。他说的话、他做的事，最后都会变了样，让你觉得很难受，可是暂时没有人替代他，你就只能忍。当然我也知道，有些校长会很冲动，直接把这位老师开除。其实解聘一个人并不难，你让他今天离开，他就可以今天离开。难的是什么？难的是如何把因为他的离开给团队带来的负面影响最小化，因为你要知道，他曾是这个团队的核心。有这样一个案例：一位校长找到他团队里的负能量核心员工并跟他进行交谈。在交谈的过程中，无论是他的语气还是他的态度，都传递出他的不满。谁知道这位老师居然私下里录了音，还把这段录音发送到了学校的工作群里，这对团队的破坏力是极大的。从小的方面来看，他会给团队内部带来影响；从大的方面来看，他甚至会给家长群、学生群带来极大的影响。所以不要以为你把他解聘了，一切问题就解决了，我们既要有勇，还要有谋，谋定而后动。

可分成三个步骤。第一步，了解情况。我并不建议你在还没有了解到足够清楚的情况、收集到足够详细的信息时，就立即做出处理。第二步，分化处理。第三步，剔除毒瘤。

首先我们来看一下第一步，你需要了解哪些情况呢？例如，在这个负能量组织里谁是核心？谁是跟从的？谁又是边缘人物？你认为你最容易入手的是哪部分人呢？当然是最容易被说服的那部分人。

当我们了解完情况之后，我们要进行分化处理，分化处理有三个步骤，如图 34-1 所示。

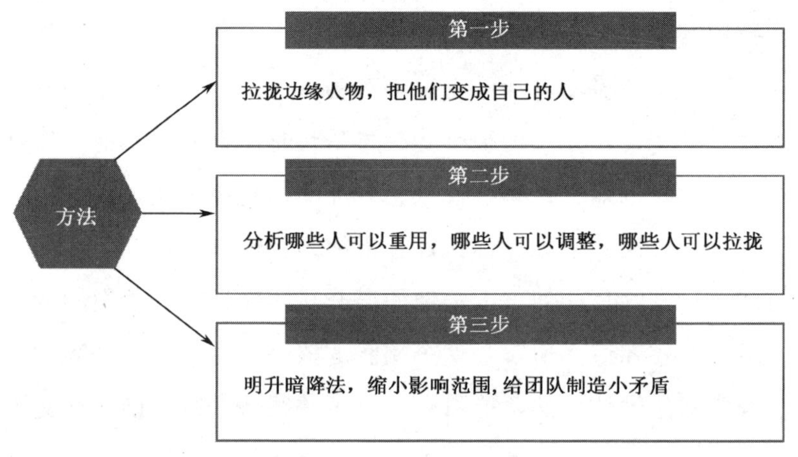

图 34-1　分化处理

第一步，拉拢边缘人物，把他们变成自己的人。第二步，分析哪些人可以重用，哪些人可以调整，哪些人可以拉拢。通过这样的处理，逐步削弱负能量组织的力量，减小影响力。第三步，明升暗降法，缩小影响范围，给负能量组织制造小矛盾。比如，这个老师在一线的教学岗位，这时应该把他从教学岗位上换下来，至少让他所带的班级逐步减少，使孩子和家长受到的影响最小。你可以把他的岗位从教学岗位调整到教学主任岗位，虽然他升职了，可是他没有实际的权力，你对他的处理会容易得多。我们还可以适当地给负能量组织制造一些小矛盾。如果你让他晋升为教学主任，你还可以适当地给他和他的负能量组织制造一些小矛盾。

最后，剔除毒瘤。同样我们依然要分情况，如果这个人、这个岗位对你来说是重要的，你可以先调整，再将他调整成你的助理，潜移默化地影响他、培养他；如果这个人是重要的，这个岗位是不重要的，那么你就要找一个合适的机会把他请出团队了。当我们以后在团队中遇到这样的情况的时候，不要直接把矛头指向核心成员，而是先从他身边的人开始，逐步削弱他的影响力，削弱他对团队的影响，然后才是剔除毒瘤，避免因为他的离开给全局带来影响。

关于这个问题，我们的分享就到这里了。期待你能够有收获、有启发，也期待你能把今天学到的内容分享给你身边更多的校长朋友，让我们一起更好地成长。

第三十五章

员工要求提薪，你一定要答应吗

案例解析

2018 年春节前，一位校长告诉我，他的执行校长到他的办公室找他，执行校长是这么跟他说的："校长，你看我们学校成立一年多了，我是学校的第 1 个员工。这次活动我出了那么多力，而且 2018 年我们做夏令营活动的时候，我一个老师带着 11 个孩子，从成都坐火车到北京。这一路上，我付出了很多努力。你看，年终奖是不是能多发一点？"

对于要求加薪的执行校长，如果是你，你会怎么处理呢？如图 35-1 所示，到底是加薪还是不加薪呢？他的工作能力也不错，加吧，其他的员工可能会纷纷效仿，搞得你很被动；不加吧，有可能造成优秀员工的流失，那到底是加还是不加呢？不能拍脑袋决定，而是要准确地评估，评估依据如图 35-2 所示。

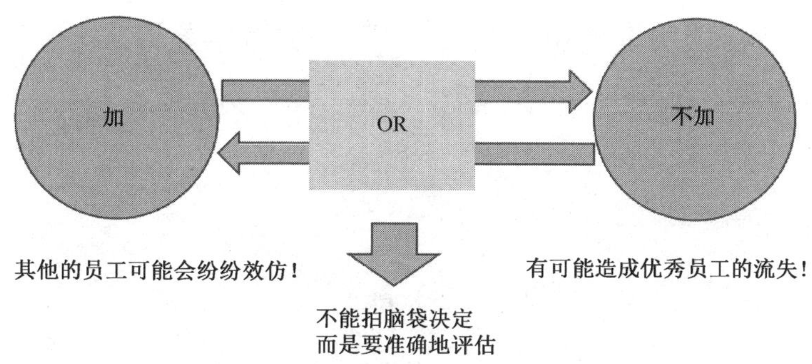

图 35-1　你该如何处理

序号	评估依据
01	该员工现在的能力、状态如何？
02	该员工岗位的重要程度如何？
03	该员工的替代成本是多少？
04	该岗位在行业里的基本薪酬标准是多少？
05	如果加薪不成，带来异常变动，学校的应对能力如何？

图 35-2　评估依据

我给大家分享 5 点。第 1 点，该员工现在的能力、状态如何？第 2 点，该员工岗位的重要程度如何？第 3 点，该员工的替代成本是多少？第 4 点，该岗位在行业里的基本薪酬标准是多少？他的需求是高于行业标准，还是低于行业标准，你是否有一个准确的数据？第 5 点，如果加薪不成，带来异常变动，学校的应对能力如何？当你把这个 5 个问题思考清楚之后，我相信你已经有了一个基本答案。这一步只是我们的一个评估，还不能作为是否加薪的依据。

有了这份评估依据之后，我们要根据评估结果决定是否该加薪，加薪多少，并且在适当的时机，以适当的方式告诉该员工。我们还要对该员工进行详细的分析，我给大家分享一个“二维四象限”的方法，如图 35-3 所示。

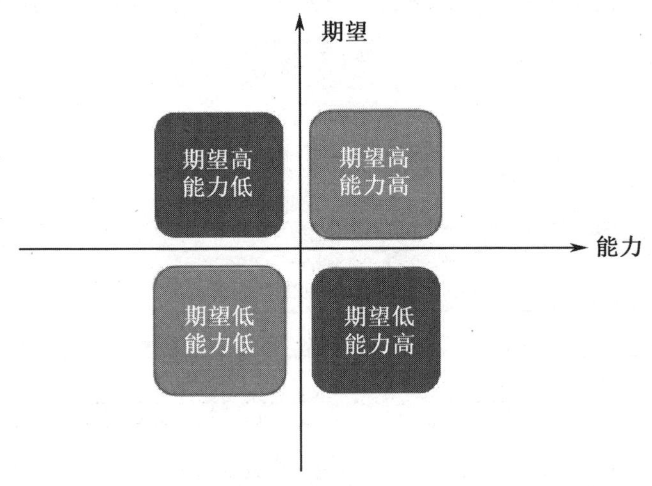

图 35-3　分析情况

横坐标代表能力，纵坐标代表期望。根据这个二维四象限，把要求加薪的员工放到某一个象限里，你就能得到你想要的答案。

首先我们来看一下第 1 类员工，左下角类别的员工，他是期望低、能力低的员工。如果是这一类型的员工给你提出加薪，你可以直接拒绝他。

第 2 类员工期望高，但是能力低。可能他近期有经济压力，比如买房的压力。他希望能够拿到高的薪酬，只是他没有达到加薪的要求。那么对于这一类型的员工，我给你介绍两种处理方式。第 1 种，你明确告诉他，他目前不适合加薪。除此之外，你还要告诉他加薪的标准和依据是什么。如果他是一位普通的老师，你把他这一年的教学成果、家长回访、家长评价、续费情况拿出来做一个评估，与这位老师一起分析一下。你要给他讲清楚加薪的标准，让他明白自己做到什么程度就可以加酬。第 2 种，你还可以对他进行访问。如果他想调整到偏销售的岗位，比如市场、咨询岗位，你可以尽量满足他的要求。

第 3 类员工期望低，但是能力高。如果遇到了这类员工，那你就偷着高兴吧，因为所有的老板都喜欢这样的员工。当你遇到这类员工的时候，你要告诉自己，其实他是在等待机会。你要主动地规划他的成长路径，梳理他的成长目标及他的晋升通道，让他看到发展的空间。其实当我们在做入校指导的时候，我们会发现做完指导之后，大多数学校的老师都不清楚自己的学校未来要怎么发展，自己的晋升通道到底是怎样的。

第 4 类员工是期望高、能力高的员工，对于这一类型的员工，他对你提出加薪之后，你依然要视情况而定。如果他在重要岗位，比如，刚刚的那位执行校长能力确实不错，而且也在重要岗位上，你是不是马上就要答应去给他加薪呢？当他提出加薪之后，你就会比较被动了，你可以给他约定一个短期的期限，设置一定的条件和门槛。比如你可以说："对于你这一年的工作表现，我比较认可。给你设置三个月的考核期，考核的标准是团队的稳定率、春季的续费率及春季的新招率。如果完成这三项指标要求，那么你主动写一份书面申请，我可以为你加薪。”

对于不重要的岗位的老师，你可以与他约定一个长期的期限，比如一学期、一年。你可以让他在几个部门轮岗，等他做出了相应的成绩，再给他加薪。

有三个注意事项，如图 35-4 所示。第一，不轻易加薪，加薪等于新的价值或增长点。我经常对我的管理者说，如果去年你做到 100 万元，今年你依然做到 100 万元，那今年你是没有成长的，你至少应该在去年的基础上增加 15%，你才对得起自己。你可以申请加薪，但是你要创造新的价值。第二，不要等员工提加薪，提前做好预算和规划。所以各位校长，你们在每年年底的时候是否会盘点自己学校的每一位人才，了解他们的能力如何呢？第三，反思学校的晋升通道、激励机制是否清晰、透明。如果大多数老师都不知道他们未来的发展方向，他们会有混日子的心态。

1. 不轻易加薪，加薪等于新的价值或增长点

2. 不要等员工提加薪，提前做好预算和规划

3. 反思学校的晋升通道、激励机制是否清晰透明

图 35-4　三个注意事项

我们欢迎员工向我们提出加薪要求，因为加薪等于他能创造更大的价值。所以希望通过本章的分享，你能在面对这个问题的时候

更加得心应手，也希望你能有更大的收获。图 35-5 供大家参考。

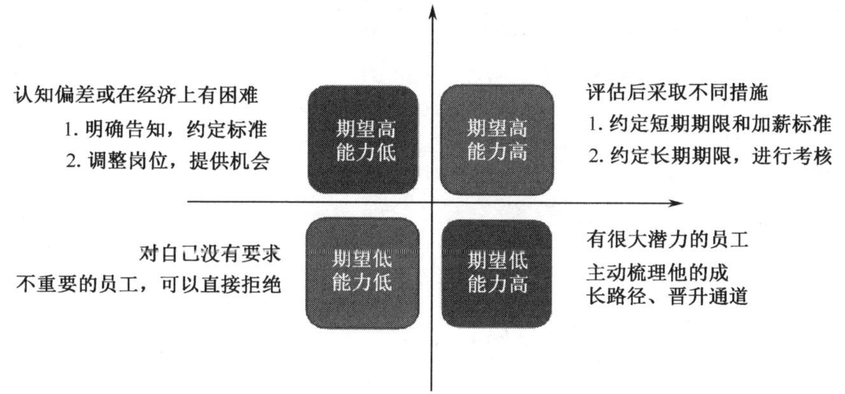

图 35-5　不同情况，不同的处理方式

第三十六章

团队不执行你的决策怎么办

你的团队里或许有太多这样的情况，那就是团队的老师执行力不够强，有好的方案总是落实不了，或者执行起来总达不到令人满意的效果，这到底是为什么呢？

我相信，你还有很多执行上的难题，比如你给中层管理者安排了工作，可是一周之后，你却发现基层团队对工作还一无所知。那这个问题又是出在哪里呢？甚至，这项工作你布置了下去，到底完成还是没有完成，没有任何的反馈。你屡次强调规则的重要性，仍然有人无视规则。这到底是怎么回事呢？是你没有讲明白，还是他没有听明白？或者是他听明白了，根本不执行呢？

其实产生以上这些问题，都是因为团队执行力不强。我们说，一流的执行加上三流的方案可能出现一流的结果。所以，当执行力得到提升之后，我相信学校的工作绩效和工作结果都会比以前好。那么执行力不强，又是什么原因导致的呢？根本原因是我们的领导力不够。

我们一起来看一下，执行力不强是什么原因导致的。我们有什么样的方法去解决呢？

执行力不强的四个原因和解决办法

执行力不强的四个原因，如图 36-1 所示。第一，不知道干什么。第二，不知道怎么干。第三，干起来有阻力。第四，干起来没动力。

	原因
第一	不知道干什么
第二	不知道怎么干
第三	干起来有阻力
第四	干起来没动力

图 36-1　执行力不强的四个原因

大多数管理者喜欢给下属做思想工作，经常会这么告诉他，你好好干，干出成果，只要你干得好，学校是不会亏待你的。那么，标准到底是什么呢？这个标准你和他都知道吗？如果这个标准你们都不知道，那么你说的话简直就是空话，我们要以数据为准。

第一，不知道干什么。我们要用清晰的目标、具体的数据说话。如果你给一位市场部的主管定招生目标，你要怎么定呢？首先你要拿出整个去年的招生总人数的数据及招生新生的总营收数据。你要拿出去年每个月的招生人数及月均营收数据，你还要拿出上学期的招生总人数及招生营收数据。除此之外，招生团队的人数变化是多少，平均能效是多少？招生经费，支出又是多少？你分别把这几张表格摆到你的市场部主管面前，然后根据这些数据，告诉他你的要求和期望。我相信，他很清楚，作为一名管理者，最重要的任务就是提升人效。

第二，不知道怎么干。对于基层员工来说，你在布置工作任务的时候需要给他安排简单的任务，而不是复杂的任务。如果你告诉他，这学期的招生目标为 100 人，你指望他完成这个目标，几乎是不可能的。我们需要做的是把这些复杂的任务分解为简单的小任务，他只需按照你的标准做，只要把每一个流程和环节都做到位了，那么其实目标也就达到了。比如，这学期招生目标是 100 人，那么我要给你分配多少人？除此之外，还有流程的问题。你的目标是 100 人，那么招生活动你是准备一学期做一次，还是每几个月做一次？与之匹配的活动工具、话术及培训，你是否都做到位了呢？什么时间做？提供的经费是多少？每一项工作的核心管控点又是什么呢？只要你找到了核心管控点，并且把握住了这些核心管控点，那么结果就会很好。

第三，干起来有阻力。比如，老师打完招生电话之后，没有家长上门。你的教学老师讲完课之后，学生没有留下，这让市场团队的老师没有了动力。你会发现当你的团队里一部分人一腔热血，而另一部分人无动于衷的时候，对于积极的人的打击最大。所以你要为你的团队扫清障碍。

我给大家提 3 点建议。第 1 点，我们要问自己，给团队的经费是否足够？物料支持是否到位？第 2 点,部门之间的配合是否很好？当咨询人数不足的时候，你采取的管理方式是什么？当教学不好的时候，管理方式又是什么？第 3 点，你要及时了解各个环节中的情况。如果团队能力不足，你要及时对他们培训；如果动力不够，你要及时了解和把控各个环节的具体情况。

第四，干起来没动力。想一想，100 个人的招生目标对于你的老师和你的团队，它的价值是什么？你关心的是目标，他关心的是收入，那么你要把每个人的招生目标转化成他可以拿到的酬金，这样才会让老师有动力。所以作为管理者的你，要善于激励你的团队，使员工干得好干得差待遇不一样。这样你的团队才会被激活，他们干起来会更有动力。

我再给大家提 3 点建议。第 1 点，我们要了解人性，因为这是每一个人的本性。把你的目标变成你们的目标，把 100 人的招生目标变成他招 10 个人、招 20 个人、招 50 个人可以拿到具体的酬金。第 2 点，干得好的人一定有奖励，干得差的人也必须有惩罚。惩罚不一定是物质上的，也可以是体力、精神上的，比如爬楼梯上班、吃苦瓜、做下蹲等。第 3 点，让部分积极的人尝到甜头，这样能够带动更多的人。

本章分享了关于执行力不强的四个原因及解决方法，期待你能够执行下去，让你的团队变得更强。

第三十七章

员工提出离职，他是真的要走吗

一、如何察觉员工有离职动向

你有没有这样的经历，突然有一天你的核心员工向你提出了离职，你当时表面上很平静，实际上心里非常不爽。你实在想不明白，为什么他会离职呢？你平时对他那么好，他是你一手培养起来的，他怎么说走就走呢？

根据调查，有 1/3 的员工对现在的雇主不是特别满意，已经准备换工作了，随时都有可能离职。其实，离职的想法并不是他在提出离职的当天才产生的，他已经预谋很久了。难道他在离职之前，我们都没有察觉到？其实员工离职是有一定征兆的，只要你稍微细心一点，你就会发现。有哪些征兆呢？如图 37-1 所示。

图 37-1　离职前的五大征兆

征兆一，变得不再活跃。比如以前在工作群里，他回复信息很积极，最近，当你发出一条通知之后，他很久都没有回复，或者第二天才回复。

征兆二，请假变得频繁。可能他很久都不曾请过假，近一个时期请假的次数突然变多。

征兆三，突然忙起来，频繁接听电话。

征兆四，工作上变得怠慢，工作汇报减少了。

征兆五，在招聘网站更新简历。我要求我的员工都在 BOSS 直聘注册，如果你发现团队里有人更新简历，你也就明白是怎么回事了。

二、离职原因及对应方法

员工离职的原因有很多，我们一起来看一看员工为什么要提出离职。有三个关键词，第一个是“员工”，第二个是“为什么”，第三个是“离职”。员工是新员工还是老员工？他为什么要离职？离职的原因是什么？他提出离职之后你如何处理和应对呢？

首先，我们来看一下新员工的离职原因。新员工的离职原因其实很简单，就是当他进入你的学校之后，他发现实际情况跟他的预期产生了较大的差距。他的预期来源于哪里呢？来源于他在面试的时候，HR 或者校长给了他过高的期望、过多的承诺，而他进来之后发现并不是那么回事。新员工的招聘和面试同样需要成本，我们如何避免新员工离职呢？在这里给大家两个建议。

第一，在入职面谈的时候，不管是谁去面试他，当然我建议是由校长亲自面试，都要给他讲清楚他的岗位要求、职责标准、薪酬待遇等。所有的相关情况，你都要给他讲得非常清楚，没有任何隐瞒，这样才能够让你们在沟通的时候达成一致。

第二，重视新人。在新人进入团队的时候，我们要与他建立一系列的关系。他的入职流程是谁给他办的呢？流程是怎样的呢？谁引导他到自己的工位上呢？他的工作由谁去安排、指导呢？让他一进学校就有种回家的感觉。

老员工离职的原因是什么？老员工的离职原因，马云都告诉我们了，第一，钱没给到位，第二，心受委屈了，这里我还要补充一点，那就是没有成长空间，如图 37-2 所示。

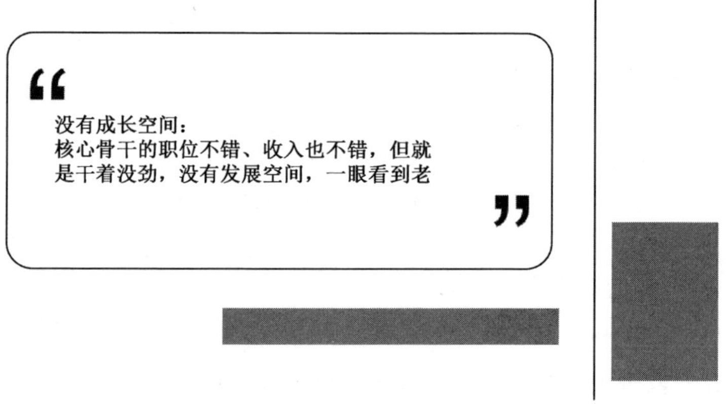

图 37-2　没有成长空间

我们要怎么处理呢？对于老员工的离职，我依然要分享三个步骤。第一，了解情况。你了解信息之后，你才能够辨别他是真的想离职还是假装想离职。第二，根据你收集到的情况制订详细的计划。第三，带着你的计划安排一次面谈。

第一，钱没给到位。员工想要加薪，加还是不加？这个问题我们在第三十五章介绍过了，你可以看一下那章的内容。

第二，心受委屈了。在这里我给大家分享一个你们都知道的马斯洛需求原理。人的需求从最低层的生理需到最高层的自我实现，这时，我要换一个方向，我会带着你从上往下看，为什么呢？老员工在你这里工作很长时间了，他的收入，他的待遇其实已经不算很差了，他并不是生理需要没有被满足，而是自我实现的需求没有被满足，什么意思？其实你的老员工既有物质需求，还有情感需求。关于这个问题，我的感触比较深。我记得在 2019 年年初的时候，我的新高管跟我说："公司对于高管的情感关注不到位呀。"我很诧异，高管都有股份，为什么还会有更多的情感需求呢？其实，人都需要被关注、被尊重、满足感、安全感等，所以我们要满足他们的情感需求。

第三，没有成长空间。我有一个不错的朋友在教培行业，工作十几年了，他在一个较大的培训集团里工作。工作了很多年之后公司马上要上市了，可是他离开了。他又去了另外一家很大的教育培训集团，又在公司即将上市的时候离开了，到底是什么原因呢？我们学校里其实也有这样的人，他还是核心骨干，职位不错，收入也不错，可是他为什么会提出离职呢？据调查 25%的老员工提出离职的原因是自己出现了"职业枯竭"的状态，职业枯竭是什么意思呢？职业枯竭也叫作职业抑郁，指突然之间觉得工作索然无味，毫无意义，厌倦工作，不想上班，不想面对同事，只想在家里待着。他们如果离职了，对学校损失很大。那我们如何激发他们工作的热情呢？

我给大家三个建议。第一，我们可以让他进行轮岗，当他挑战完市场部之后，你可以让他到教务部、咨询部、教学部。因为新的部门有新的挑战，这类人喜欢有事可做，喜欢创造价值，他最害怕的就是自己不能给学校带来价值。第二，我们可以用股权、合伙人的制度去激励他。第三，我们可以建立分校，成立其他部门，甚至因人设岗。比如，以前只有教学部，让他组建教研部，把一个新的部门交给他之后，他一定会充满信心。

以上的内容你全部都做了之后，他还是要走，怎么办呢？你需要进行最后一步，离职面谈。离职面谈很重要，因为大多数要走的人在心里对企业或领导都有一定的不满，你要抚慰他的情绪，让他在离开企业之后不去传递负能量。所以这个离职面谈，你可以做得温情一点，跟他一起用个晚餐，赠送他一份礼物都是可以的。

离职面谈有三大目的，如图 37-3 所示。第一，了解他离职的真实原因。他提出来的离职原因未必是真实的原因，你可以通过跟他沟通，去了解真实的原因，或许你可以有所收获。第二，留不住人，就留住心。这次离职面谈并不是让你留下他，也不是让你给他加薪，而是与他建立一个新的关系。今天之后你们不再是上下级关系，你们可以是朋友，可能还会有很多合作的机会。第三，有情有义，适当地给他提供帮助。毕竟大家都在同一个城市，说不定哪天还会有见面的机会呢。比如，你可以帮他写一封推荐信，你甚至可以帮他推荐一下其他工作机会。

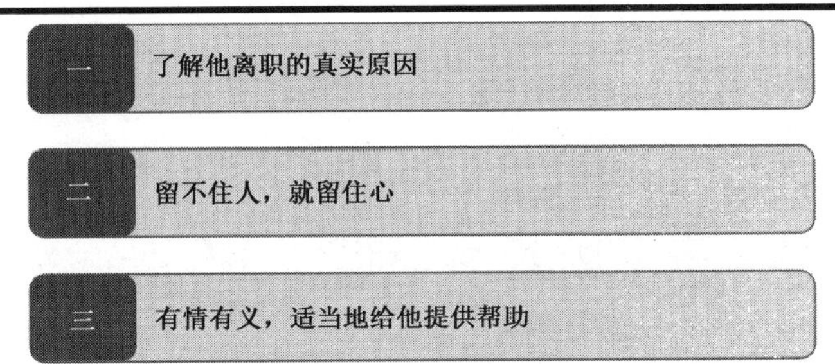

图 37-3　离职面谈的目的

以上所讲的内容，都是当员工提出离职的时候，我们启动的处理模式。虽然这些办法可以帮助你解决问题，但往往为时已晚，因为这是事后处理。好的管理者要把例外管理做成例行管理，要把事后处理做成事前预防。

期待通过这样的分享，你在以后面临员工离职的时候，能够处理得更好。

第三十八章
“空降兵”生来就是准备被包围的吗

案例解析

最近，我有一位校长朋友特别郁闷，原因是什么呢？因为他的一家校区（我称之为 a 校区）的另一位校长在晋升之后的半年里管理不利，导致整个校区的业绩不理想。因此校长给了他半年的时间，可情况还是没有得到改善。所以我的这位校长朋友十分郁闷，要不要把他替换掉呢？如果再这么下去，那这个校区会从一个原本业绩很好的校区变为业绩最差的校区，在深思熟虑之后，他铁了心要把这位校长换掉。

于是，这位校长跟他的人力资源部负责人把整个校区的老师做了一个盘点，最后决定从新校区调一位老师过来，而这位老师是 b 校区的校长助理。这位老师有创业的经历，通过做英语培训机构，开设了三四家分校，年营收额也能达到 1000 多万元。从能力上来看，他在加入了这家学校之后，进行了两年的磨合，他所带的 b 校区是所有校区当中排名最靠前的。

所以，无论是从能力上、经验上看，他都是比较合适的那个人。所以我的这位校长朋友就把这位老师调到 a 校区当校长，让他管理整个 a 校区。然而，在 1 周之后，平行部门的管理者有意见了，尤其是人力资源部的老师有极大的意见。因为在这位老师加入之后，他大刀阔斧地自行裁员、招聘、引进新的员工，而人力资源部一无所知。

第 2 周，出现了一个更严重的情况，全学校的老师集体弹劾这位校长，他们要求换回以前的校长。这个问题摆在我的校长朋友面前，应该怎么处理？又是什么原因让一个原本有能力的人，到了另一个校区之后却发挥不出能力呢？是这位老师的问题还是我的校长朋友的问题呢？

并不是你没有眼光，也不是他没有能力。很多学校现有的人才跟不上学校的发展，而从外面引进的“空降兵”，看上去能力、背景和资历都还不错，但是这些人却在学校里“存活”不下去，也产生不了价值。

不仅仅是学校，很多大企业也是如此。阿里巴巴在发展得如日中天时，为了与世界接轨，马云花了大价钱聘请管理人才。为了给这些管理人才空间，马云甚至降了很多元老的职，把公司交给这些所谓的管理人才去运营和管理。

然而几个月之后，这些“空降兵”却因为管理不佳，使业绩大幅下滑，问题频发。如果这个问题得不到解决，企业很难快速前进。原因是什么呢？我总结了四个原因，如图 38-1 所示。

	原因
第一	个人英雄主义，想快速展现能力，忽略团队成员的感受
第二	孤立无援，得不到他人的支援
第三	不了解企业文化、具体情况，无法准确地决策
第四	触犯元老的利益，被团队成员排挤

图 38-1　四个原因

第一，个人英雄主义，想快速展现能力，忽略了团队成员的感受。因为“空降兵”大多数都是有能力的人，他很清楚自己过来并不是来混饭吃的，是来干事的。也就是因为这样的背景，导致他对事情的结果关注过多，而忽略了对周边人的关注。

第二，孤立无援，得不到他人的支援。他一个人来到这样的团队，还没有得到其他人员的支持和信任。没有其他人的支持，他很难创造出价值。

第三，不了解企业文化、具体情况，无法准确地决策。

第四，触犯元老的利益，被团队成员排挤。

作为一名“空降兵”，“活下来”才有机会创造价值，并不是他一来到企业就立马创造出价值。我们如何帮助“空降兵”“活下来”并使其创造更大的价值呢？

你应该让他从合适的岗位切入，比如让他担任助理，这也是我在这么多年的管理过程中总结出来的经验。我们知道很多大企业有一个部门叫作管培部，我们公司也有一个这样的部门，叫总经办。总经办下面有一个团队，那么这个团队是干什么的呢？这个团队专门吸纳高级人才。高级人才在这里就是为了某一天能够成为一个部门的部门长、一个分公司的总经理，所以从这个办公室走出去的人，都是未来的高管。为什么这么做呢？第一，保护“空降兵”，让他没有风险地进入你的团队，更好地“存活”。第二，在这个过程中，你要验证“空降兵”的能力。

给大家举个例子，之前我想招聘一名总经理，跟对方进行沟通之后，我希望他以助理的身份进入团队。因为这样不会让团队有危机感，所以这是对“空降兵”的保护。

如果你贸然把他放到了一个岗位上，最后因为不合适再去调换，那这个有能力的人在你的企业里很明显会废掉。不仅如此，你的团队还会受到极大影响。

那么时间多久比较合适呢？三个月左右，不长不短，能够让你更好地判断他和你们是不是同一类人、他能不能发挥出自己更大的价值。

在这期间，他的工作有哪些呢？他需要了解学校各个部门的业务。每个人在加入企业之后，都一定会有一个熟悉、成长的阶段，他只有了解得更多，掌握的信息更多，才能够做出准确的判断。

在这个过程中，你要了解他的做事风格。最重要的一点是，融入，融入，再融入。进入任何一个企业，你不要想着立马就创造价值，而是先观察、再融入、后行动。

对校长来说，在这个过程中，你一定要亲自辅导你的“空降兵”，帮助他尽快熟悉业务。在你的帮助下，他可以成长得更快。他拿着那么高的薪酬，干着助理的工作，他也会内心不安。所以在这个过程中，校长的支持和辅导非常重要。

对于“空降兵”来说，他的目标是校长而不是校长助理，所以除了做好这些工作，需要适时展现自己的能力，并且尽快融入团队，让校长看到他的能力。

接下来进入第二个阶段，你要创造机会，让“空降兵”为你代理部分职务。给大家三个建议。

第一，可以让他给各个部门的核心员工做一对一访谈，通过跟员工的访谈和沟通，收集更多情况。

第二，让他跟核心骨干进行非正式沟通。如果你跟核心骨干进行一对一沟通，会让对方变得警惕和拘谨。你可以让“空降兵”与他们进行非正式沟通：一起喝个下午茶，一起吃个饭，目的是在骨干中找到他的支持者。

第三，根据“空降兵”掌握的情况，你要适当地提供一些建议，帮他拿到更好的结果。这样，核心部门的员工及他的领导者都会对他有更多的信任。

所有的工作都是在校长的支持下进行的，所以，一切工作都离不开校长的支持和校长的推动。

比如，你得告诉员工，什么时候要做什么事情，团队的核心骨干有哪些，核心成员、核心部门有哪些等。

最后才可以正式任命他，而不是突然间把一个陌生人介绍给大家。

不知道你有没有发现，管理是一件非常有意思的工作，管理者会在背后默默地做很多工作，帮助团队的每一个人生存下来。

当你提前做好了铺垫之后，找到合适的机会，进行正式任命。在任命之前，我给大家提三点建议。

第一，“空降兵”一般要准备一次非常正式的自我介绍。他要很认真地做准备，巧妙地塑造自己、讲出自己过往的成就、经历，并且让大家信服。让大家觉得，他这个人很有趣，跟着他一起工作，未来会有很好的发展。

第二，校长要力挺他。在你宣布的时候，你要给予他大力支持，包括拨经费、开展团建活动、给团队增加福利。

第三，如果你确保“空降兵”的能力很强，一定要把他推上这个岗位，在这个过程中可能会遇到阻碍，作为校长，你要坚定信心，排除万难，为他扫除阻碍，以示决心。

当所有这一系列的工作完成之后，才能让“空降兵”更好地融入团队。“空降兵”在第一次和大家见面的时候，不要去提工作要求，因为他与员工还没有足够的信任，在得到信任之后再提要求。

好了，关于“空降兵”如何融入团队的分享就到这里了，希望能够对你的管理思维有一些启发。

第三十九章

如何让团队保持活力与竞争力

图 39-1 是杰克·韦尔奇提出的一个“活力曲线”。来看一下这张图，首先我们看到第一个数据是 20%，第 2 个数据是 70%，那最后一个数据是 10%，这是什么意思呢？这 20%就是你团队里的明星员工，也就是核心员工，他们既有能力又有意愿。中间的70%为活力员工，这部分人需要通过你的激励才有可能成为明星员工，也有可能成为落后员工。后面的 10%就是落后员工。

我们分别来看对于这三类员工，我们应该采取什么样的方式。首先我们来看明星员工，这个类型的员工有非常强烈的目标意识，他很清楚自己想要的是什么，以及他要做什么事。所以对于这个类型的员工，你只需给他提供目标、规划、路径，然后告诉他要做到什么程度、可以拿到什么结果，并且在这个过程中，你要更多地给予他成长机会，要把更优秀的资源匹配给更优秀的人。比如，你要把人数最多的班级给他，要把最优秀的学生给他。为优秀的人匹配优秀的资源，他能产生最大的价值，这是对于明星员工的策略。

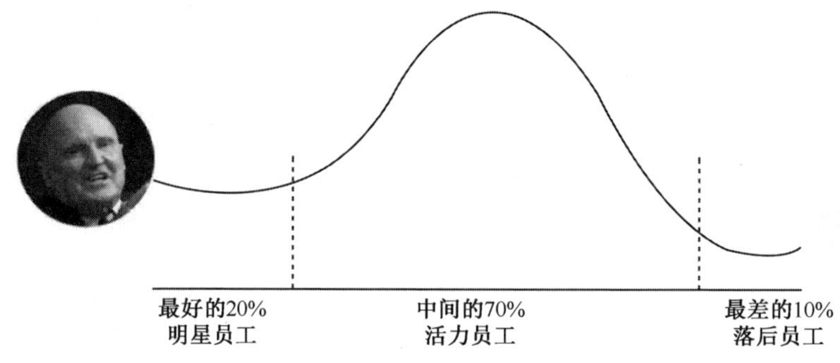

图 39-1　杰克·韦尔奇“活力曲线”

明星员工是大雁，你只需给他广阔的天空，让他去飞翔就可以了。可惜的是，这样的人在企业里太少了，所以明星员工越多，那么这个企业的发展就会越好。

第二类是落后员工，对于这类员工，你要做的就是找出他，给他机会，让他成长。如果他在一定时间内达不到你的要求，你要做的就是淘汰他，淘汰他之后让新人加入。当你把落后员工淘汰之后，才会有更多人加入你的团队。

重点来说活力员工。活力员工在学校、企业中占大部分，这一部分员工是我们需要重点关注的。因为他们通过我们的激励可能会往上走，如果你没有激励他，那他最后也会成为落后员工。所以，我们要激励活力员工，让他成为明星员工，让整个组织更有竞争力，那么怎样做才能使团队有活力呢？

我给大家分享两个故事。在日本，很多人都喜欢吃鳗鱼。渔民每天会出海捕鳗鱼，可是他们的鱼舱很小很拥挤，加上运输距离遥远，等他们捕完鱼回到岸边的时候，鳗鱼也基本被挤死了，而且死后的鱼卖不了好价钱。可是有一位老渔民，他的鳗鱼每一次到岸边时都是活蹦乱跳的，卖出极高的价钱，所以他成了那里的富翁。

而这位老渔民在临死之前，把这样的一个秘密公之于众。原来，他在船舱里面放了一些鲶鱼。因为鳗鱼和鲶鱼是天敌，所以鳗鱼为了对抗鲶鱼，就需要拼命地反抗，它们生存的本能被充分地调动起来，多数鳗鱼就活了下来，这是第一个故事。

第二个故事，曾经有一个牧羊人，当他放牧时经常会死掉一些羊。他采取了大量措施，可是每年总会失去一些羊。他很困惑，请教了一些人，其他人告诉他，你可以尝试在你的羊群中放几只狼。他听从了建议，在他的羊群中放了几只狼进去，并且采取了措施，而他的羊死掉的数量也越来越少。

这是什么原因呢？因为羊每一天都在吃草长肉，它不用奔跑，不用运动。而狼和羊是天敌，为了生存，羊就需要拼命地奔跑，激发了生存的本能，从而降低了死亡率。

这两个故事告诉了我们什么？竞争使人存活！充满竞争的团队才是充满活力的团队，所以在学校也好，在企业也好，我们要导入竞争机制，它能够最大化地激发每一个人的动力。动物有求生的本能，而人类其实也有天生好斗的本性。

所以各位校长，你要思考一下自己学校的环境如何。是安逸的环境，还是竞争的环境？

有一个校长曾经跟我聊天，他说其他学校的老师都在发宣传单，而他的老师坐在办公室里吹空调，很安逸。其实听到这里，我很为他担心，因为他还没有意识到这样的氛围不利于学校的长久发展。我给他的建议就是，危机意识和竞争氛围能够使团队保持活力，所以，要去塑造危机意识。

每一次任正非在发表讲话的时候，都会让全员保持危机意识和竞争意识，时刻在讲他们离破产不远了。所以，即便是发展很好的企业，也需要在内部营造危机意识。

我在这里给大家分享两个方法。

第一个方法，建立竞争型团队。目的是为了打破团队的和气。我们要组建至少两支以上的团队，这样才有竞争的氛围。

给大家讲讲具体步骤。

第一步，在你的团队里树立标杆。有的校长会说，我们的人很少，怎样组建团队呢？其实，哪怕只有三个人，只要你能将他们分成两个团队，你就要把他们分成两个团队。哪怕你只有两个人，你带着两个人，也要把他们分成两个团队。当我们建立好两个团队之后，一定会有优秀的团队和相对落后的团队，你要做的第一步是帮扶优秀的团队还是落后的团队呢？各位校长我们来思考一下，你要做的第一步，一定是帮扶优秀的团队。这时，你花少量的心思和精力，优秀的团队就能产生价值和成果，我们要做的就是让团队看到它产生价值和结果之后所拿到的好处。让优秀的人更优秀，让优秀的人能够取得阶段性成果，这样才会有竞争的氛围，所以你一定要让一个团队先成长起来。

第二步，如果优秀的团队每个月都能拿到冠军，那对于落后一点的团队怎么办？所以此刻，你要做的是平衡团队。你要把你的目光转向落后的团队，要去帮扶落后的团队，让落后的团队更有信心，让他们能偶尔拿一下冠军。

如果这些你都做过了，落后的团队还是没有太大的变化，这时，你就要考虑一下，可以让优秀的团队里合适的管理者到落后的团队担当更大的责任。

第二个方法，建立阶梯形团队。你的团队里一定有教学能力、沟通能力和服务能力都不错的老师，而他和落后的老师用的是同等的薪酬标准，即便他拿得多，也是因为他带班多。其实这对于优秀的人来说是不公平的，也不利于他们更好地成长。

在这里给大家做进一步解释，同样我给大家分享一个方法。老师和老师之间一定是有区别的，有普通老师、优秀老师、明星老师等，我们可以建立不同的等级，也就是说，不同老师的晋升标准和晋升通道可以不一样。很多学校的晋升路线就是从老师晋升到教学主任、教学校长、执行校长，只有这样垂直的一条晋升路线。其实在业务岗上，也就是技术岗上，做得好的、做得差的依然可以用阶梯形呈现。比如，最初加入你们团队的普通老师，可以通过他的努力不断成长，成长为明星老师。那他的基础底薪，他的课时费就要跟普通老师不一样。所以当有了这样的规则和清晰的晋升通道之后，其实你会发现，你们团队的人都想努力往上走，因为他想拿到更高的薪酬。

当他晋升为明星老师的时候，他能享受哪些特殊的权益呢？这里列了 4 项权益。

第一，在底薪上要有差距。明星老师和普通老师的底薪会有 300～500 元的差距，也就是说你从普通老师晋升为明星老师，你的底薪会增加 300～500 元。

第二，带班的数量可以优先选择，以及带班的质量也就是学生的质量可以优先的选择。什么意思？如果你是明星老师，那么教务老师在排课的时候，会先给明星老师把班排满了，然后再给普通老师排班。我们先把优秀的学生放到一个班级给明星老师，因为他能更好地出教学成果，让优秀的人更优秀，让优秀的人享受到的资源更优秀。

第三，成为明星老师两年以上，可以直接参加学校的储备干部评选。未来无论你是在技术岗成长，还是在管理岗成长，你都可以有优先选择的机会。

第四，在荣誉方面，在学校的官网、公众号及校区等显著位置对你的明星老师进行全方位的塑造，要让他自己有荣誉感：我是明星老师！

其实我们在做落地指导的时候，做完调研我们会发现，大多数学校的老师都会告诉你，他不清楚学校的晋升通道，他不清楚自己应该怎么做，所以才变成了现在这样，“做一天和尚撞一天钟”。

其实各位校长，很多时候并不是我们的老师没有战斗力，或许他去了别的学校就有战斗力了，原因是什么呢？可能是我们没有设立能满足优秀老师的晋升标准，导致我们的老师表现得平庸而不是优秀。

一个人在你这里变得平庸之后，他有可能会离开你的团队，寻找更适合他发展的学校，这也就是我们留不住人才的原因。你要知道，优秀的人要的到底是什么，他要的是“公平”。

各位校长，如果员工在同一岗位工作，能力有高低，但是收入一致，记住，这是对优秀员工最大的不公平。

本章我给大家分享了两个方法：第一个方法是建立竞争型团队，可以让两支以上的团队进行竞争；第二个方法是建立阶梯形团队，让同一个岗位上的老师都有向上成长和发展的机会。

反侵权盗版声明

图书在版编目（CIP）数据

职业化校长必备管理技能 / 桔子著. —北京：电子工业出版社，2020.3
ISBN 978-7-121-38379-3

Ⅰ. ①职… Ⅱ. ①桔… Ⅲ. ①校长—学校管理 Ⅳ. ①G471.2

中国版本图书馆 CIP 数据核字（2020）第 014192 号

责任编辑：黄 菲　　文字编辑：刘 甜
印　　刷：三河市鑫金马印装有限公司
装　　订：三河市鑫金马印装有限公司
出版发行：电子工业出版社
　　　　　北京市海淀区万寿路 173 信箱　　邮编：100036
开　　本：720×1 000　1/16　印张：13.5　字数：173 千字
版　　次：2020 年 3 月第 1 版
印　　次：2020 年11月第 3 次印刷
定　　价：68.00 元

凡所购买电子工业出版社图书有缺损问题，请向购买书店调换。若书店售缺，请与本社发行部联系，联系及邮购电话：（010）88254888，88258888。

质量投诉请发邮件至zlts@phei.com.cn，盗版侵权举报请发邮件至dbqq@phei.com.cn。

本书咨询联系方式：1024004410（QQ）。